跨文化背景下英语翻译理论研究与实践

王慧博◎著

吉林出版集团股份有限公司

图书在版编目（CIP）数据

跨文化背景下英语翻译理论研究与实践 / 王慧博著
. —长春：吉林出版集团股份有限公司，2023.7
ISBN 978-7-5731-3833-0

Ⅰ. ①跨… Ⅱ. ①王… Ⅲ. ①英语—翻译理论—研究
Ⅳ. ① H315.9

中国国家版本馆CIP数据核字（2023）第147153号

跨文化背景下英语翻译理论研究与实践

KUAWENHUA BEIJINGXIA YINGYU FANYI LILUN
YANJIU YU SHIJIAN

著　　者 王慧博
策划编辑 文双亮
责任编辑 曲珊珊
封面设计 中尚图
开　　本 710mm × 1000mm　1/16
字　　数 135千
印　　张 10
版　　次 2023年7月第1版
印　　次 2023年7月第1次印刷

出版发行 吉林出版集团股份有限公司
电　　话 总编办：010-63109269
发行部：010-63109269
印　　刷 天津中印联印务有限公司

ISBN 978-7-5731-3833-0　　定价：58.00 元

前言

自从我国改革开放以来，越来越多的中国人走向国际，越来越多的国际友人来到中国。在交流过程中，由于英语和汉语在表达和说话方式上都存在着巨大差异，因此我们必须做好跨文化背景下的英语翻译，这样才能推动我国人民的国际交流再上一个新台阶。

跨文化交际从字面上来看，也是一种交际，它有着与一般交际相同的特点，虽然人们在跨文化交际过程中同样也遵循着一般交际模式，但跨文化交际也有自己的独特之处。如何将同文化交际与跨文化交际进行区分？这其实并不难。当交际双方在交际过程中运用了完全相同的一套规则系统，就属于同文化交际；如果交际双方在交际过程中运用了完全不同的一套规则系统，就属于跨文化交际。虽然文化具有差异性，但两者之间也有相同之处，这种共同点就是交际的基础。所以，真正意义上的完全相同或者是完全不同的交际情况在实际生活中是不存在的。在交际过程当中，信息的发送者或者接收者都会根据自己所处的文化规则进行编码、释码和解码，即便是处在相同文化背景下的两个交际者，他们运用规则进行编码、释码和解码的过程也不一定是完全相同的，因为每个人都是一个独特的微型文化，这也说明任何人与人之间的交际其实都属于跨文化交际。文化的差异性可以体现在国籍、民族甚至政治等这些大的层面，当然，也可以体现在同一主流文化中的性别、年龄、社会阶层、教育背景、兴趣爱好等这些相对较小的层面。不同文化间存在不同程度上的差异，理查德·波特（Richard

E.Porter）和拉里·萨莫瓦尔（Larry A.Samovar）就曾以一个连续体的形式直观地表明了不同文化群体间不同程度的文化差异。不同文化国家的人们进行的沟通交流就是跨文化交际，但是国内的一些学者却把这种交流限定在面对面交流的层面上。

由于不同国家人文历史发展并不相同，这就使得每个地方人们的行为方式和生活态度都不一样，而这对语言的使用会产生极大影响。在汉语使用中，更加注重运用综合思维，强调整体和谐性，在具体构造上常常是以时间作为切入点，以动词作为整个句子中心。但是在西方国家，句子结构更多使用主语和谓语作为整个句子的核心，同时会大量使用短语或从句，这样的句式结构相对复杂。

语言翻译的本质实际上是两种文化的思想交流和融合，文化并不是抽象的，而是融入语言表达之中的，通过文化可以展示出一个人的情感，也可以体现出一个人的智慧。而翻译就是用一种语言去表达另一种语言内容，实现两种语言的交流。语言与文化具有非常密切的关联，可以说什么样的文化就会造出什么样的语言。汉语和英语是建立在不同文化体系下的语言，它们反映着不同国家内涵，因此要学好一门语言就必须对其文化有所了解。我们以句式为例，英语大部分都是以字母为基础，而汉语则是以方块字为基础，以字母为基础的语言大部分都非常抽象，以方块字为基础的语言大多数具有可解性。在中西方国家，不同国家对于“老”字拥有不同含义，中国的“老”代表经验，同时也代表智慧，例如“老马识途”。但对于西方国家而言，人们在进行交流时很忌讳使用“old”这个单词，“old”这个单词代表着没有任何价值或者用处，因此通常会使用其他的单词进行替代。

在跨文化背景之下需要注重词类的翻译。英语翻译需要加强词汇转化，需要灵活使用各种词汇进行跨文化翻译，通过这种方式可以在一定程度上不断提升翻译效果。例如在进行翻译时，对于英语句子中的名词、动词和介词，可以考虑在词性之间进行转换，将名词结合语境翻译成动词，灵活使用各种不同词汇，以便达到更为优质的翻译效果。中西方的语言常常受到自己传统文化影响，因此在语言方面具有很多差异。例如在对长辈表示尊称之时，中国有非常细致的分类，而西方国家常常笼统地进行表达，所以在进行翻译时要特别注重人物之间的关系，确保在翻译过程中不会发生本质的变化。

综上所述，翻译是一门艺术，英语翻译不是简单地对词语进行翻译，翻译者需要了解英语国家的文化背景，同时还要拥有良好的词语转换意识，这样才能够使英语翻译达到更高的水准。

王慧博

目 录

第一章　英语翻译理论概述

第一节　英语翻译的性质和分类

一、翻译的性质

对于翻译的概念，不同的学者有着不同的定义，但大多数学者都认为翻译是一种语言转换活动。在《现代汉语词典》中，“翻译”的定义为：把一种语言文字的意义用另外一种语言文字表达出来，把代表语言文字的符号或数码用语言文字表达出来。苏联翻译家巴尔胡达罗夫认为，翻译是在保持一种语言的内容和含义不变的基础上，将其用另一种语言表述出来。爱丁堡大学应用语言学院的翻译家卡特福特认为，翻译是用译语把源语文本内容转换成意义相同的译语文本内容。除此之外，卡特福特还认为，翻译是在不同的符号系统之间，基于社会认知与需要，进行信息传递的一种跨语言、跨文化的交际活动。

总而言之，翻译就是在译语中寻找与源语意义相对应的词汇、词组或短语。在寻找的过程中，要注意源语蕴含的两层意思，即表层意思和深层意思。除此之外，源语文本的体裁、风格以及相关的文化信息也不可忽视。

二、翻译的分类

（一）古阿德克的分类

古阿德克将翻译分为以下七类：

1. 选译

选译也被称为“节译”。从字面意思理解，就是放弃进行全方面的翻译，有选择地进行翻译。通常是为了满足客户的特殊需求，将文本中的某部分内容进行翻译。

2. 绝对翻译

所谓绝对翻译是基于可译性理论的一种翻译，在语言结构、文本内容和交际价值等方面，使原作和译作都是完美对等的。

3. 夸张式翻译

夸张式翻译是基于译者的角度来定义的。译者从自身出发，即从主观角度，对原作进行创造性的分析与理解，将其转变成译作。通常这种翻译具有较强的灵活性，注重传达译者心中的思想、观念与情感。

4. 图译

图译从字面意思理解，就是与图片有关。准确来说，图译通常是为了达到某种特殊目的而做出的决定，是把源语的文字转换成译语的图片。

5. 关键词翻译

关键词翻译是站在职业翻译需求的立场而进行界定的一种翻译。简单来说，译者在翻译活动开始前，要先从原作文本中找到关键词，把关键词进行转换，之后再围绕关键词的有关内容开展翻译活动。

6. 摘译

摘译也被叫作“译要”。这是一种基于原作主旨的翻译。简单来说，译者在进行翻译活动时，要丢弃主观思想，分析总结原作的中心思想，之后再以摘要的形式用译语翻译出来。

7. 再结构翻译

再结构翻译与译作读者有关，是一种需要考虑译作读者对原作信息掌握程度的翻译。这种类型的翻译是为了让读者更好地理解原作内涵的意义，让译作更符合读者的阅读习惯和思维方式，而进行的一种忽略译文形式的翻译。

（二）歌德的分类

歌德将翻译分为以下三类：

第一类翻译基于文化传播层面，目的是让译语文化了解源语文化。

第二类翻译基于文化吸收层面，目的是让译语文化吸收源语文化，译者要发挥创造性思维，将内容进行翻译。

第三类翻译基于等值的层面，强调源语与译语的对应与平等。

（三）诺德的分类

德国功能学派翻译理论的代表人物诺德（Nord）按照译文的功能进行分类，将翻译分为工具翻译（Instrumental translation）和纪实翻译（Documentary translation）。

1. 工具翻译

工具翻译将语言视为交际工具，具体可分为以下三类：

第一类为功能等同的翻译。这种翻译适用于技术型和实用型的文本。

第二类为功能对应的翻译。这种翻译追求原作与译作的功能对等。

第三类为功能相异的翻译。这种翻译的作用是在一定程度上，改进原作的功能。

2. 纪实翻译

纪实翻译是“记录”英语文本作者和读者之间的交际活动的翻译。所以，译者在进行翻译活动时，英语文本不需要随着译语的语境变化而进行调整。纪实翻译可分为以下四类：

第一类为直译或语法翻译。在翻译比较正式和官方的文献资料时，不仅要符合译语的行文习惯和表达习惯，还要向读者传达出源语的语法偏好，此时采用直译的翻译方法是最为合适的。

第二类为异化翻译。这种翻译方式主要适用于文学资料的翻译，其对原文中的某些功能进行改变之后再进行翻译，能使译语读者从中感受到本土语言文化之外的新鲜感。

第三类为逐词翻译或对照译法。这种翻译方式主要适用于语言学学术资料的翻译，特别是比较语言学，这种翻译方法可以将不同语言之间存在的形式差异体现得淋漓尽致。

第四类为哲学翻译法或学术翻译，也被称为“直译加注法”。这种翻译主要针对的文本类型为古代文献或是异文化的文本。

（四）雅各布逊的分类

1959 年，罗曼·雅各布逊（Roman Jakobson）根据翻译所涉及的两种代码的性质，将翻译分为语内翻译（Intralingual translation）、语际翻译（Interlingual translation）和符际翻译（Inter-semiotic translation）。

1. 语内翻译

严格来说，语内翻译不是翻译中的一个分类，因此也算不上是翻译。语内翻译针对的不是两种语言系统，而是一种语言系统的两种表达方式，即在一种语言系统内，用一种表达方式代替另一种表达方式，以便于人们进行理解与探讨，例如，汉语中简体与繁体的互换等。

2. 语际翻译

从严格意义上来说，翻译就是语际翻译。根据字面意思理解，语际是语言与语言之间的翻译，是基于两种语言之间的相互转换，例如英汉互译、英法互译等。

3. 符际翻译

符际翻译也是翻译，其针对的是不同的语言系统，即非语言符号系统和语言符号系统，也就是用非语言符号系统解释语言符号系统，或是反过来，用语言符号系统解释非语言符号系统，例如，用手势代替语言。

（五）彼得·纽马克的分类

彼得·纽马克（Peter Newmark）根据翻译活动的侧重点将翻译进行了以下两种分类：

第一，注重译入语的分类，翻译可以被分为惯用翻译、改译、自由翻译以及传意翻译。

第二，注重译出语的分类，翻译可以被分为字面翻译、语意翻译、逐字对译以及忠实翻译。

（六）谭卫国的分类

谭卫国在“略论翻译的种类”一文中根据翻译的内容与目的将翻译分为以下四类。

1. 信息资料翻译

科技论文、国家法规、财产让渡书等涉及科技、法规、经济等信息方面的文本资料的翻译就是信息资料翻译。

2. 摘要翻译

摘要翻译与古阿德克的摘译概念类似，就是对文本资料的中心思想进行提取、总结后再进行翻译，如论文摘译、口语摘译等。

3. 文学翻译

根据字面意思理解，文学翻译就是对文学作品的翻译。文学作品诸如小说、戏剧、诗歌等。

4. 广告文献与说明性文字翻译

广告文献与说明性文字翻译是主要针对广告语篇、说明书以及路标等文本类型的翻译。

第二节　英语翻译的要素和过程

一、翻译的要素

（一）作者

在进行翻译活动时，应注重科学性。

首先，不仅要注重研究原作的内容，也要注重研究原作的作者。原作作者自身的性格、写作风格以及审美观在其作品中都会有诸多体现。对原作作者只有浅显的了解，不足以真正、全面地了解其原作内容，那么在研究作品的原本或者将其进行翻译时，势必会存在一定的瑕疵。

其次，作者与读者之间存在紧密的关系。作者在进行写作或创作时，通常都会有潜在的写作对象，即读者，也就是可接受作品的对象。但是，这些潜在对象对其作品的观后感如何或是反应如何，有些作者是没有进行提前预判的。通常作者一开始的创作目的都是创作出作品，当作品创作完成面向读者时，如果读者通过阅读赏析能从中获取一定的知识或道理，也就是作品对读者起到了帮助作用，那么作者就达到了创作该作品的预期目的。

译者进行翻译活动与作者进行创作活动所蕴含的道理都是一样的。译者在进行翻译活动时，既要考虑到原作作者创作作品的意图，也要考虑到该作品面向的读者。严格来说，译者不仅仅单纯负责翻译，也担负着作为一名作者的责任，因为翻译活动也是一种创作，译者是对原作作品进行再创作的作者。译者在进行翻译活动时，其最重要的任务是要将隐藏在原作作品字里行间的情感捕捉到，并在翻译作品中有所体现。这些隐藏在原作作品字里行间的情感是原作作者在写作之初就特别注重的内容。作者利用某种特别的创作手法来传递自己的情感与观念，以便让读者在阅读时可以深刻地感受到这种情感与观念。简单来说，翻译过程是译者在了解原作作者以及作品的基础上，用译入语将其体现出来。翻译活动开始前，若是对原作作者没有进行了解，对作品的写作背景或是目的没有进行研究，翻译后的作品就会存在部分信息不足的情况。所以，对原作作者和原作作品的了解与研究是翻译活动中最为重要的部分。

作者在进行作品创作的初期都是希望完成一部作品。在开始创作时，作者创作的目的一般是借助作品向外界传达自己的某种观念或思想，也可能是为了某类群体而借助作品进行发声。一旦作者在进行作品创作时未考虑到读者相关因素，该创作就失去了意义。作者在社会中扮演的角色或是作者自身的功能角色，以及作者所处的社会环境、文化环境、语言环境等，都会对作者的各个方面产生影响，特别是在文学创作方面，因此在研究作者时，与作者相关的方方面面都要研究到。

通常来说，作者可以分为以下三种：

第一种为行业作者。行业作者比较好理解，就是指文本作者是文本内容所涉及的行业人员。例如，法律文本的作者通常为律师。

第二种为独立作者。独立作者有两层含义，一种是指文本作者独立一人创作，没有其他共同创作的人员；另一种是指代替法人进行创作。以商务英语文本的作者与文学作品的作者为例，进行探讨。首先这两者有着本质的区别，文学作品的作者是利用创作的作品来表达自己的观念以及创作目的，而商务文本的作者创作的作品代表的是群体的利益。当然在有些商务文本中，作者也会将创作意图体现在文本中，比如商务报告、商务理论著作等。所以，在翻译活动开始前，确定作者类型后再研究创作文本是相当有必要的，也有利于更深层次内容的研究。

第三种为群体作者。根据字面意思可以知道，原作作品的作者不仅仅只有一人。有时一个作品的创作只靠一人无法完成，需要两人甚至是两人以上来合作完成。同样的，翻译再创作也有由多人共同翻译，共为翻译作者的情况。比如时间较为紧迫，一些技术方面的资料较难翻译，就需要多人共同完成翻译再创作活动。特别是对非文学作品进行的翻译，由群体作者共同翻译的情况较为普遍，比如国家政策的英译、英语文献的汉译，就需要借助多人的力量进行研究，完成翻译工作。从作品的角度来看，作者是作品的创作者；从读者的角度来看，读者对作品的阅读是作者创作的目的。

基于结构主义理论，产生了有名的原作者死亡论。该理论代表人物之一——法国解构主义理论学家罗兰·巴特（Roland Barthes），在分析文本内容的意义、论述读者与文本的关系时，大肆宣扬“作者死了！”。这里的“死”不是指生命的终止，而是罗兰·巴特认为作者一旦创作完作品，文本中的文字就具有了特殊的意义。所以，原作者死亡论是说作者在完成作品创作后，就不需要也不能为后来的读者或译者阐述当时的创作思想和目的；需要的则是读者或译者依靠自己原有的知识以及对作者的了解，分析研究作品的含义。作者在完成创作的那一刻，文本就成为客观的存在，作者与作品之间关系就不复存在，不管是从空间上还是时间上来说，作者与作品都产生了一定的距离。如此解释好像是对原作者死亡论的认可，不过若是从另一种角度分析，也表示了对原作者死亡论的反驳。作者在创作初期将自己的观念和思想融入了作品当中，若是文学作品，作者的感情则融入得更多，所以不存在作品完成即表示“作者死亡”的意思。译者在原作作品中能否捕捉原作作者注入到作品中的情感，取决于译者是否真正对作者及作品有深刻的理解与研究。在今后的翻译实际工作或是翻译理论的研究工作中，对作者的研究是必不可少的一个步骤。译者只有对原作品的作者进行深入的了解与研究，才会对作品有更清晰、更深入的认知，也才能更有利于翻译工作的开展以及翻译学科理论方面的研究。

（二）译者

在整个翻译活动过程中，译者一直都扮演着三个非常重要的角色，即创作者、自己译作的读者和批评者。与作品原作者的创作不同，译者的创作是根据作品中的内容，结合译者自身的知识水平、生活经验以及翻译经验进行的。另外，通常大多数读者在进行作品阅读前不会仔细研究作品，但是译者与读者不同，译者必须对作品进行研究。一本好的译作建立在译者对原作正确、深刻的理解基础之上。同时译者也是批评者，译者在阅读原作时，要对原作的语言信息进行加工，深入了解原作的内容，并依据内容适时改变翻译方法。总之，译者在确定翻译作品的性质以及保障翻译作品的质量方面起着至关重要的作用。

（三）读者

在以前翻译学科的研究中，人们往往忽视了读者在其中存在的意义与作用。以前在翻译的研究上，研究的核心内容通常是译者、原作者以及译作。后来人们逐渐认识到读者在翻译中的作用，读者与翻译目的有着密切关系。译作如果缺乏读者，那么就好比是被锁在库房中的物品，无法在市场中流通。因此，译者在翻译过程中不可忽视读者存在的意义。我们已经知道，译者与读者之间存在紧密的联系，译作一经完成，只有读者进行阅读，译作才会产生一定的影响，发挥一定的作用。在国外，人们曾经关注过读者的作用。时间回到早期西方人研究翻译的时期，学者们开始关注译者与读者之间的关系。他们认为，译者在翻译过程中扮演着演说家的角色，用符合古罗马语表达习惯的语言来描述其他国家的作品，从而能更好地吸引读者、打动读者。

译者必须明确翻译的目的是让人阅读译作。译者在进行翻译活动时，心中要时时刻刻想着读者，牢记译作面向的对象是读者。翻译学家奈达表示，阅读原作的读者与阅读译作的读者，应该有着相同的感受。虽然很难确定原作的读者与译作的读者在阅读后的感受是否相同，但是读者作为翻译研究中的一部分，依然具有重要的意义。“读者分析法”是由当代著名英国翻译理论家萨瓦里提出的。萨瓦里认为一本完美的译作的翻译效果要想圆满，应符合不同类型读者的需求，而译者就需要为此提供不同性质和不同风格的译文。在萨瓦里的翻译研究中，读者处于核心地位，他认为所有翻译都是为读者提供服务的。

奈达基于社会语言学和语言交际功能的观点，认为翻译活动应该围绕读者的接受程度进行。人们对奈达提出的翻译理论观点存在较大的争议，但对读者在翻译活动中所处的地位基本都是认同的。另外，有着广泛的影响力的接受理论，同样重视读者在翻译活动中的作用。接受理论认为，译作读者与原作读者的重要性一致，作品脱离读者就失去了意义，因此在翻译的相关研究中，对读者的研究是必不可少的。

（四）批评者

翻译批评者是在翻译活动中进行翻译批评的主体，也是翻译研究中一项重要的研究内容。所谓的翻译批评是在翻译理论和翻译实践之间的一个重要环节，起着连接双方的作用。所以，翻译批评者是翻译理论与翻译实践之间的桥梁。通过对翻译批评者的研究，首先人们对翻译理论与翻译实践的认识加深了，其次进一步提升了人们对翻译批评工作的功能和重要性的认可度，最后使翻译批评、翻译理论与翻译实践三者之间的关系更加清晰了。

翻译批评者基于翻译理论对译作作出评价与指导，相对的，翻译批评者的评价与指导会影响翻译理论与翻译实践，所以研究翻译批评者就要对其进行全方位的研究。翻译批评是翻译学中重要的组成部分，翻译批评能促进翻译理论与实践的发展，因此研究翻译学的重点是要研究翻译批评以及翻译批评的主体——翻译批评者。

二、翻译的过程

（一）理解

翻译过程的第一步就是理解，在表述内容前，要先做到理解内容。译者只有准确、清晰地了解原作文本，才能利用译语确切地将原作文本内涵的信息表示出来。理解作为翻译过程中的第一步，是整个翻译过程中最关键的一步，也是最容易出现问题的一步。所以，在理解这一阶段，译者需要担负起以下两种任务。

1. 宏观任务

（1）分析英语文本的体裁

在翻译英语文本之前，要先理解英语文本。在理解英语文本的过程中，首先要做的是对英语文本使用的体裁进行分析，不同的文本类型应选择不同的合适的翻译手段。举个例子，如果文本是文学作品，那么译者在翻译过程中要抓取文中的亮点，用具有创新性的译语进行翻译；如果文本是商务类型的，那么翻译就要做到严谨、准确。分析英语文本所使用的体裁，也会对文本风格也会有一定的了解，那么译者在翻译时，就可以根据原作的文本风格确定译作的文本风格了。

（2）分析文化背景

翻译是一种具有跨文化交际性质的活动，译者要了解原作相关文化的政治、历史、经济等方面的因素，也要了解译作相关文化的因素，只有清楚地了解这两种文化之间的联系与差异，译者才能准确地理解原作蕴含的思想，并准确地将思想融入译作中，避免两部作品的相关文化因为差异而产生冲突。

2. 微观任务

（1）分析语言现象

语言现象包括语音、语法规则、词汇构成以及语义等层面。译者在进行翻译活动时，英语文本中的语言现象是译者始终都要考虑的问题。

（2）分析逻辑关系

我们已经知道，翻译是一种具有跨文化交际性质的活动，也是跨语言的转换活动，语言的转换就是语言在进行逻辑活动。在整个翻译过程中，逻辑贯穿始终。译者理解原作文本内容，是基于对逻辑的分析从而进行理解的，并且利用逻辑完成译作。语言的表达不仅要符合语法规则、行文习惯与表达习惯，更要符合逻辑，不然语言的表达毫无意义。

总而言之，想要准确理解英语文本内容，就要做到分析英语文本的体裁、文化背景、语言现象以及逻辑关系，这四个分析缺一不可。

（二）表达

表达是翻译过程中的第二步，是将源语转换为译语的过程。表达的最高标准就是精确，这取决于译者对英语文本的理解程度以及译者对源语和译语两种语言的运用能力。

基于汉语与英语这两种语言的语言特点不同，且隶属于两种不同的文化，译者在进行翻译活动时，要跳出原作英语文本的体裁框架，利用译语的行文习惯与表达习惯来表达原作英语文本内涵的语义，找到连接源语与译语之间的桥梁，在这个过程中创新思维是不可缺少的。举例来说，中国历史悠久，有着上下五千年的灿烂文明，这些文化在历史长河的发展中，形成了成语、古语、俗语、诗词歌赋以及典故。而纵观英语语言文化，很难从中找到相对应或是较为合适的词语、短句来表述中国文化，所以这是对译者的挑战，也是对译者的要求。只有利用具有创造性、创新性的思维方式，才能将中国灿烂的文化展现给世界的读者，使双方文化在翻译活动中可以畅通无阻地流转。

创造性思维贯穿翻译活动的整个过程，简单来说，翻译就是重新表达的过程。重新表达是指英语文本内容中所蕴含的意义在译语中找不到合适的词语或语句来进行表述时，译者需要结合英语文本的内容以及自身知识经验的积累，创造出与英语文本内容意义相对应的新的译语语言结构。很明显，新的语言结构的创造依赖于创造性思维的发挥。实际上，翻译活动是一种文化输出活动，所以对外翻译的译作要考虑到国外读者的感受与接受度，不能固执地注重保持源语文化的韵味，不然势必会影响文化的输出与交流。

（三）校改

校改是翻译过程中的最后一步。对待翻译活动，译者应切记不能凭借对文本内容的熟悉度以及自身的翻译经验而产生满不在乎、掉以轻心的态度。作为一名译者，要始终对自己有严格的翻译要求和翻译准则，对翻译内容要做到字斟句酌、一丝不苟，使一部完美的译作诞生。

在实际翻译活动中，即使译者具有高超的翻译能力、丰富的翻译经验，依然会不可避免地遇见各种问题，出现各种错误。因为浩瀚的世界蕴含着无限的知识，而个人的知识积累就如沧海一粟，个人是难以掌握世界上存在的所有知识的。因此，翻译的过程就是检查和校改的不断重复。

第三节　英语翻译对译者的要求

翻译作为跨文化交际的一种，翻译者在其中扮演着重要的角色，影响着文化的传播和表达，对文化之间的交流会产生巨大的促进作用。所以，只有专业素质达到一定水平，翻译者才能更好地进行翻译工作。

一、职业道德

（一）实事求是

从根本上说，翻译的本质是跨文化的交际活动。不同国家之间的文化一般不同，相同的文字在不同国家表示的信息也不尽相同，这就需要翻译者充当原文和译文读者之间的桥梁。所以，译者在翻译时必须秉承求实和公正的原则，要站在公正的立场上进行翻译工作。

从生态翻译学角度出发，保护原文与译文之间的生态是翻译的终极目标。翻译者要做的工作是忽略时间与空间的影响，在了解双方文化的基础上与原作的作者进行思想交流，并将其要表达的思想转换为读者可以理解和接受的内容，尽可能完整地向读者传递原文的信息，这就需要翻译者维持原作与译文读者之间的平衡，使源语和目的语之间的文化、语言和交际等方面达到一个系统上的生态循环，这样可以使原著、译者和译文读者和谐相处，使原作和译文长存于世。

（二）精雕细琢

在翻译过程中，主观上的错误和客观上的缺陷会导致译文质量较差。假如只是客观上的译者的翻译水平低下的原因，可以通过提升译者的翻译能力来提升翻译的质量。假如译者的“心”和“力”都没用上力，这就是其主观态度和客观能力上都出现问题了。所以需要翻译者具备精雕细琢的工匠精神来进行翻译工作。

举一个例子：

请勿疲劳驾驶。

译文①：Don't drive tiredly.

译文②：Drive alert，arrive alive.

译文③：Drowsy driving is dangerous.

在这三种翻译的方法中，第一种虽然读起来连贯通顺，但是并没有完全表达原文的内容和意义。而其余两种是符合遵守交通法规背景的翻译，按照交通术语，这两种翻译更能表达原文的内容和意义。

现如今，社会经济飞速发展，信息化速度加快，伴随着的是知识的更新换代速度加快。随着词语的推陈出新，翻译中可选用的词语也在不断变化。可以看出，翻译并不是一劳永逸的活动，不同时代的翻译，要求是不同的，这就需要译者积累多方面的词语和知识，运用可动用的资源进行多方查证，这样，才能创作出更加合理、完善的译文，从而促进文化之间的交流。

二、语用能力

我们把将语言知识得体地运用到交际中的能力称为语用能力。作为跨文化交际的行为，翻译活动需要译者结合语境和语篇进行再创造。英语与汉语之间以及双方文化之间都有很大的差异，其主要体现在修辞、词汇、句子和语篇等方面。在英汉文化对比中，双方主要差异的承载体就是词汇。相同的词汇在不同的英文语境中，词汇的意义不同。因此，翻译者在翻译时需要在不同的语境中考虑词汇的用法。基于此，翻译者在进行翻译时，需要结合译文读者的需要和预期进行翻译。

举个例子：

①原文：孔雀（象征着吉祥、美好）

译文：Peacock（带有炫耀、骄傲的意义）

②原文：芳芳爽身粉

译文：Fangfang Powder

③原文：五羊摩托车

译文：Five Rams Motorcycle

观察上述三个例子，①中汉语的“孔雀”有吉祥、美好之意，而英文的“孔雀”有“炫耀、骄傲”之意，这是意思上的不对等。②中汉语的“芳芳爽身粉”中“芳”在翻译为英文时为“fang”,由于“fang”与“fung”的读音相似，那么国外的读者就可能将“fang”与“fung”联系起来，但是“fung”在英文中一般指的是“冯”“封”等姓氏，这样会造成译文与原文之间在风格和信息上出现差异。③之所以说是“五羊摩托车”，因为该摩托车产自广州，而广州又有“五羊市”的别称。国外读者并不了解这样的背景，所以翻译的英文会使读者产生困惑。

通过观察这三个例子可以发现，在某些情况下，有些词语虽然字面意义相同，但是两者是不能互译的。

译者在翻译时要选择合适的翻译方法和手段。翻译的目的是使译文在目标文化的环境中进行传播，使译文读者有较好的认知。不同翻译材料的目的不同，译者需要根据原文体裁的不同进行不同的翻译，而且要参考特定的语境来对原文进行增删或改编。

三、翻译能力

（一）适应能力

翻译活动需要译者具有较强的适应能力。

1. 对语言因素的适应

文化之间的不同必定会导致翻译之间有诸多困难，语言的不同是翻译工作的难题。由语言推敲意义、由意义选择语言的过程就是跨文化交际。基于此，翻译者需要对语言因素进行适应。译者需要适应语言的多重意义，其分别为形式意义、文化社会意义、言外意义、联想意义。

（1）形式意义

有学者认为，形式意义包括语音、词汇、句法及修辞等，是语言形式所承载的意义，而另有学者认为，在进行翻译工作时需要考虑语言的形式，这说明语言形式具有独特的意义，不考虑语言形式会导致原文的语言风格受到损害或消失。语言具有的结构和特有的规则是语言的独特性所在，在某些情况下，进行翻译工作时，为了达到表现原文作者意图的目的需要对语言进行结构的调整，而这种情况是经常出现的，这意味着对等翻译中，形式对等是不容易做到的。英汉之间文化的不同和语言形式、结构的不同导致在翻译时必须对原文的语序、结构进行调整。

（2）文化社会意义

文化的范畴很广，语言是其重要的组成部分，在翻译时不能只局限于语言的范畴，要综合考虑文化社会的影响。在全球化的现在，各类文化要和谐相处，共同发展。翻译者在翻译过程中，需要适应源语的文化语境，只有这样，才能更好地将原文翻译为译文。除此之外，译者在翻译时还需要考虑译文读者的接受水平。

（3）言外意义

在翻译时，译者不仅需要对原文进行字面上的翻译，还需要对原著作者的言外之意进行翻译，使其对读者表现出来。只有这样，译文才能真正地表达原文作者的思想，使译文读者获得真正的阅读体验。只有做到言外之意的翻译，才能使译文和原文表达内容相同。因此，翻译者需要适应译文和原文双方的言外之意，以更好地实现跨文化交际。

（4）联想意义

语言符号给人们的暗示意义就是联想主义。不同的事物在不同的语境、不同的文化中，其联想意义可能大不相同。举个例子，在英文中的“狗”代表的是“忠诚”的意思，而在汉语中的“狗”有时候会带有“下贱”的意思。

2. 对非语言因素的适应

除了对语言因素进行适应外，对非语言因素进行适应也是翻译者做好翻译工作的要求之一。非语言因素主要是认知语境、翻译目的、目标语文化占统治地位的意识形态等方面。

（1）认知语境

认知语境是非语言因素适应的重要影响因素之一。认知语境在 20 世纪 80 年代开始逐渐流行。背景知识、语言使用的情景知识、语言上下文知识是认知语境所包含的内容。从认知的角度出发，翻译是一个异常复杂的活动与行为。从交际角度出发，翻译是在一定的认知语境中原文作者、译者和译文读者之间进行的交际行为。翻译这种跨文化交际行为成功的关键在于翻译者是不是了解译文读者与原著作者在认知语境上的相似程度。翻译者只有在认知语境中了解了原文作者的思想和意图，才能将原文准确地翻译出来。

（2）翻译目的

结构主义语言学发展到20世纪80年代时开始阻碍翻译学的发展，功能学翻译理论逐渐流行开来，并终结了结构主义语言学的统治地位。结构主义语言学发展到后期时实践与理论已经严重脱节，功能学派则改变了这一点。功能学翻译理论推翻了原文的全文地位，将研究翻译的立场变为目标文本，并把行为理论、交际理论、美学和信息论等学科纳入翻译的领域之中，在欧洲翻译界产生了影响。功能学派的代表人物莱斯和她的学生弗米尔、曼塔里、诺德运用了功能和交际的方法对翻译理论进行了研究。

莱斯认为翻译的对等是不可能实现的，她把翻译目的、翻译方法和文本类型相联系并结合，将文本分为信息文本、表情文本和感染文本，但是这种划分方式有相当的局限性。弗米尔在莱斯的指导下研究翻译理论，但是他认识到了老师理论的局限性，所以他创设了目的论，提出了连贯原则、忠实原则和目的原则，并以目的原则为最高要求。诺德则提出了用“忠诚加功能”原则研究翻译理论。

莱斯与她的学生们的翻译理论指出，翻译是一种有目的的交际行为，需要考虑读者和客户的要求。功能学派又被称为目的论派，目的论派要求的是翻译者在工作时，实现译文相应的交际功能，并不关注译文与原文之间的对等。只有遵循一定的翻译目的，翻译者才能更好地选择相应的翻译策略，从而进行翻译工作。功能学派认为，翻译在不同的阶段有着不同的目的，而且翻译的目的和功能指导翻译的实践。基于翻译目的，翻译的实践和理论才能有所关联。

（3）目标语文化占统治地位的意识形态

近年来兴起的新趋势是从意识形态出发研究翻译，这是研究翻译理论的新的发展。意识形态指导着人们的行为并决定着人们看待问题的角度。在翻译界，意识形态蕴含着世界的运转规律，指的是个人、组织或文化支持的独特的价值观。

翻译与意识形态之间相互制约和产生，意识形态产生于翻译行为中，并制约着翻译的产生，因为翻译不是单独、无任何因素影响下形成的，而是翻译者在特有的文化语境中进行的行为。

近年来，翻译者的主体性逐渐成为学界讨论的热点。译者的主体性指的是翻译者脱离自己身上的权利话语的束缚，依照自己的内心进行再创造和再加工，这也是译者超越意识形态的表现。只有适应了目标语文化占统治地位的意识形态，译者才能够翻译出让读者们接受并认可的译文。在翻译中，假如原文中出现与目的语文化的意识形态相悖的观念，翻译者需要按照目的语意识形态来对语言进行加工，使译文易被读者接受。一般来说，如果目的语文化相对于源语文化来说处于强势的一方，那么译者需要按照目的语文化的意识形态进行翻译，因为强势文化的读者不愿接受外来文化，这样做有利于使读者克服意识形态障碍。

（二）选择能力

1. 翻译文体的选择

译文与原文之间的对等还应该包括文学体裁上的对等。译文的文体是翻译者需要根据原文的语言形式和特点，再结合目的语文体的形式进行的两种语言的结合，是一种翻译者独创的语言形式。因此可以看出，译文的文体是翻译者必须考虑到的。举个例子，如果某一文学著作是用声音来传播的，那么译者翻译的译文必须适合听，必须做到语言简洁、内容突出。翻译者在选择翻译的文体时，需要考虑不同的传播渠道。

2. 翻译方法的选择

译者在跨文化交际中具有重要的作用，作为源语文化和目的语文化的“桥梁”，翻译者需要将国内优秀文化传播到全世界的同时，还要引进国外先进文化。文化之间的交流频率的增加有利于丰富世界文化，保持文化的多样性，促进世界各国之间的和谐交流和发展，这需要译者秉持包容谦逊的态度来进行翻译工作。

一般来说，翻译的方法可以被分为直译法和意译法，直译就是按照字词以原文的形式向作者靠拢，意译就是将原文的内容按照目的语的语境向译文读者靠拢。在将我国的著作翻译为其他语言的译文时，推荐译者采用直译法、意译法、音译法、替译法、直译加注法等方法，这样可以保留中国文化的特色以宣传我国的文化。

（三）综合意识

1. 角色意识

译者需要具备角色意识，这意味着译者在翻译中需要扮演多个角色，如中介者、颠覆者、揭露者和掩盖者、重置者和替换者。

译者是源语文化和目的语文化的中介者，因为译者熟知双方文化的语言，可以作为“桥梁”沟通原文和译文读者。译者在翻译活动中要将原文的内容传达给译文读者，要在允许的范围内将作者的意图和原文的内容进行再创造，使读者了解原文。

颠覆者是译者的第二个角色，翻译是利用目的语语言表达原文的活动。由于两者文化和语言结构等的不同，必然会导致翻译内容有些略微不同，这是不可避免的。

揭露者和掩盖者是译者的第三个角色。作为揭露者，译者在进行翻译时可能会有意料之外的效果，这是原文的潜能。作为掩盖者，译者在翻译时会遇到原文要表达的内容和思想扭曲的情况，这就需要译者对其进行掩盖和处理。

重置者和替换者是译者的第四个角色。作为重置者，译者需要用目的语语言将原文的内容再现。作为替换者，译者需要将源语的原文转化为目的语的译文，译文读者只能通过阅读译文来了解原文和作者的思想。

2. 全球意识

在全球化的今天，精神文明在当下尤为受关注。翻译者作为文化传播的中介者，应该具备全球意识。全球化不仅仅是经济的全球化，更是文化的全球化，如果仅仅关注经济全球化，那么就会导致文化不能及时发展。西方文化的流弊需要通过学习他国文化来进行调整，这就是西方诸多文化学者开始研究和学习中国文化的原因。在全球化的背景下，不同民族、不同国家之间进行文化交流是一种必然。

历史上无数的经验告诉我们，民族和国家想要发展，必然不能故步自封，只有通过文化之间的交流，才能实现文化的繁荣和发展，而在跨文化交际中，翻译是一种重要的行为活动。

3. 主体意识

传统的翻译观念，认为译者只是一个“翻译机器”，其只需要实现原文在两种语言之间的转化，为原作和读者服务，译者的存在并不重要。经过古今中外诸多翻译理论家的研究，人们发现，译者并不只是单纯的“翻译机器”，而是翻译的主体，理由如下：

①在翻译过程中，译者需要发挥主观能动性。

②译者不仅仅是原文和译文之间的桥梁，也是原著作者和译文读者之

间的桥梁，译者需要发挥自身中介者的作用连接双方文化，所以译者是翻译中的主体。

③译者的主体性也是后现代主义和解构主义学派所支持和宣扬的。

译者的主体性得到了国内外诸多学者的支持。国内有学者认为，原文的作者和译文的读者都没有参与到翻译的活动中，不能成为翻译的主体，而在翻译过程中，只有译者进行了翻译活动，译者才是翻译的主体。法国著名翻译家和翻译理论家安托瓦纳·贝尔曼（Antonio Berman）指出，由于译者是翻译行为中最积极的因素，他们具有翻译目的、翻译动机和翻译策略，所以译者具有主体性。译者进行创造性的翻译和对原文的再加工时需要译者主体性的自我认知，这样才能翻译出优秀的译文。与此同时，译者还需要控制自身的主体意识，在一定的限制下进行原文的再创作，不能随心所欲地对原文进行编造。建立有序的翻译生态需要译者在发挥主体性的同时与作者和译文读者建立合理的对话式互动关系。

4. 读者意识

在我国历史上的东晋时期，读者意识就已经被我国的翻译理论家所重视。慧远是东晋时期的高僧，他以“以文应质，则疑者众；以质应文，则悦者寡”来解释如何选择翻译的文本。

清朝时期的马建忠认为，“善译”是翻译的标准，他提出了“使阅者所得之益与观原文无异”，即译文质量的好坏可以通过译文读者的反应来进行判断。

后来我国学者更加细致地划分了读者意识，即读者是谁、读者有何需求以及如何满足读者需求。

国外的学者认为读者意识是十分重要的，译者不同于原文作者在自己的兴趣推动下进行创作，他们能清楚地了解到译文是给读者阅读的。

从接受美学的角度出发，文本是一个多维度的开放式结构，这意味着不同的人可以对文本有不同的解释。正所谓，一千个人眼中有一千个哈姆雷特。而且，即使是同一个人在不同的环境、不同的时间对同一个文本也有不同的解释。所以可以得出，在翻译过程中，译者可以通过自己的知识水平和技能方法将固定不变的原文翻译为读者可接受的内容，因为译文读者不是一成不变的，是在不断变化的。读者可以根据自身的知识来阅读译作，使未定性的内容具象化，实现译作的意义。

译者在进行翻译工作时，需要将读者意识放在首位，因为译作就是为译文读者所服务的。选择翻译的手段和策略时，需要考虑到读者的心理需求，需要根据读者心理需求的不同而变换。

所以，译者只有满足了译文读者的心理需求，才能实现翻译的目的。影响译作传播的重要因素是译文读者的心理需求和译者的读者意识。译文读者的心理需求越强烈，其阅读动机就越强，译文的传播就越好；译文读者的心理需求越弱，其阅读动机就越弱，就不利于译文的传播。此外，如果译者翻译的译文能够引起读者的共鸣，使其阅读的动机指向性变强，那么就说明译作的质量较好；如果译者翻译的作品无法引起读者的共鸣，那么就说明翻译工作进行得不是很好。译者翻译作品是为了使译文读者能更好地进行阅读，而且读者具有心理需求和丰富的感情，所以译者需要在翻译时以满足读者的需求为目的，这就需要译者具有读者意识。

5. 多元文化意识

“多元性”和“文化”组成“多元性文化”，“多元性”的解读与“文化”息息相关。

（1）“多元性”概念溯源

生物的多样性是文化多元性的源头。生物的多样性分为三个层面：一是遗传（基因）的多样性，二是物种的多样性，三是生态系统的多样性。文化的多元性与生物多样性类似，在不同地区、不同时间、不同背景下会孕育出不同的文化，而文化间的交流有利于文化的传承与发展，故人们应尊重每个国家地区的文化和历史，重视文化多元性的发展。

（2）“多元性”的对立面

与生物多样性相对应的是生物的特化，特化是由一般到特指的进化过程，是生态环境中的重要现象。生物的特化对生物来说有利有弊：一方面，其可以使生物适应某一种环境，从而能更好地存活；另一方面，如果生物特化之后它们生存的环境发生改变，那么该类生物可能会灭绝，因为由于特化，其适应其他环境的能力也会下降。

类比到文化之中，可以发现，文化中的单一性就是特化现象，文化的单一性与文化的多样性相对应。文化的单一性在当今表现为以美国文化为主的西方文化在向世界其他文化扩散，使全球不同的文化开始趋向一致，使世界文化的多元性受到破坏，影响其他国家文化的发展和创新，甚至影响到社会的秩序。目前尚不确定文化单一性是否会在全球泛滥，但是可以确定的是，全球文化的相似性将会大大增加。因此，文化的单一性是当今社会急需解决的问题，否则会导致文化多元性的消失。与生物的特化相似，文化的特化程度如果变得很高，会导致文化像生物一样灭绝。所以，维持文化的多元性是十分必要的。

（3）文化多元性的价值

生物的多样性包括基因、物种和生态系统的多样性，文化的多元性则包括个体、社群、地域、阶级、民族、国家的多元性。文化之间应该和谐相处，每种文化都是平等的，世界上许多文化共存就是文化多元性的体现。维持文化的多元性需要各个文化维持自身的价值与吸引力，认同不同文化的存在，这样才能维护社会、国家乃至世界的稳定。其中，认同其他文化的存在和价值是维护社会安定和达成国际理解的必然要求。每一种文化都是世界文化的宝贵财富，都对人类的发展具有重要作用。各种文化都具有规定性，也都依赖于整体的福祉。

人类文化的传承和发展的条件之一是文化的多元性，文化多元性也有利于不同文化的共存。不同文化下的人们具有不同的生活方式，这些生活方式可能是根据环境演化来的，可能是祖祖辈辈传承下来的，也可能是在实践中得出的，但无论是哪种生活方式，都具有自身的特色，这就是文化多元性的体现。世界上共存的不同文化为人类的发展提供了强大的动力，是世界的共同财富。所以，不同文化之间需要和谐交流，共同发展。这样才能为人类发展提供新的契机。所以，如果一些实力较强的国家愿意放弃自身文化的支配地位，让世界上多种多样的文化共同繁荣，就会使自身乃至全世界都能得到更好地发展。

（4）多元文化主义的具体内涵

多元文化主义是在第二次世界大战之后产生的。当时西方社会中少数族群和群众呼吁权利和平等，于是多元文化主义作为一种思潮出现了。因此，多元文化主义的最终目的是实现政治平等，本质上是一种政治价值观。

多元文化主义的核心观念是倡导对族群文化的包容、保证族群间差异的平等以及保障少数族群的权利。多元文化主义逐渐被知识界和传媒界认同是在美国的民权运动之后。多元文化主义对文化模式的阐释和美国社会架构有着引导作用，对人们对族群权利的态度有着深远的影响。

在属于一种价值观的同时，多元文化主义还是一种公共政策。在客观的基础上，多元文化主义禁止任何方面的歧视，倡导不同群体之间和谐相处和多种文化的存在。此外，由于多元文化主义，少数族群有了更多参与公共事务的机会，并且受到了文化多元性政策的照顾。多元文化主义倡导各种文化之间都是平等的，政府和国家应该以承认族群的身份的方式来增加文化多元性和认同感，使任何组织都不能疏远其他族群。多元文化引导少数族群的人们将认同感由族群转移到社会、国家，以此来维持社会的和谐发展。

第二章　翻译与跨文化的相关分析

第一节　文化的概念

一、文化的定义

对于普通人而言，文化遍布于生活中却无法被感知；对于研究者而言，文化却是可以被感知的、较难把握的概念。

在西方，学者爱德华·泰勒（ Edward Bumet Tlylor ）给出了文化的定义：文化或者文明，是从广泛的民族学意义来说的，可以将其归结为一个复合的整体，其中不仅包含艺术、知识、法律、习俗等，还包括一个社会成员所习得的一切习惯或能力。

美国学者阿尔弗雷德·克洛伊伯（ Alfred Kroeber ）在 1963 年总结整理了前人的研究后，重新定义了文化：

①文化是由内隐与外显行为模式组成的。

②文化的核心是传统的概念与这些概念所附带的价值。

③文化表现了人类群体的显著成就。

④文化体系不仅是人类行为的产物，还决定了人类进一步的行为。

2001年，联合国教科文组织发布的《世界文化多样性宣言》中给文化赋予了新的定义：文化是某个社会、社会群体特有的，集物质、精神、情感等于一体的综合，其不仅涉及文学、艺术，还涉及生活准则、生活方式、传统以及价值观等。

在20世纪90年代，国内外学者对文化的研究日益增多，他们对文化的界定主要分为个体层面上的文化和社会层面上的文化两种，前者指文化对个人习惯产生影响的规则，后者指的是社会中常见的且长期存在的行为模式和准则。国内外学者对文化的研究指出：文化是一种综合体，其在反映社会存在的基础上，作为一种行为、价值观、社会方式等的解释与整合的同时，也是对人与自身、社会、环境、自然等关系的呈现。

二、文化的功能

（一）化人功能

文化的化人功能是由其精神属性决定的。精神属性是文化具有的独特属性，人不同于动物的主要方面就是人的精神属性。文化的化人功能主要体现在：

①文化可以使人获得物质之外的满足，也就是精神满足。其原因是文化是先进的，有利于人们身心健康和心理的发展。

②文化是推动人类文明发展的重要动力，文化具有舆论导向力和理论指导力。舆论导向力和理论指导力可以使人们的精神需求和社会需求得到满足，并成为人们的精神力量。

（二）育人功能

文化具有育人功能，育人功能是由文化的知识属性决定的。只有学习知识，才能了解文化，在某些程度上知识可以与文化画等号。

在文化的育人功能中，“育人”指的是培育人、改变人、提高人的知识水平，而不只是简单地教授知识。文化的育人功能体现在以下三个方面：

①文化促进社会的发展。在文化的加持下，人们逐渐摆脱蒙昧，走向文明的现代。

②文化可以塑造人格。人们可以通过学习文化知识，培养和提高自己的修养和人格。

③文化可以促进人的发展。人们的各项能力都可以通过学习文化知识来进行提升，尤其是创新能力，创新能力可以实现人们从体力劳动者向脑力劳动者的转化。

（三）整合功能

文化具有整合功能，文化的整合功能可以用来维系社会秩序的稳定运行，对社会来说十分重要。文化相当于润滑油，其整合功能可以使社会这个机器的内部零件之间联系得更加紧密和协调。

此外，文化还可以使一个国家或民族的制度、行为等更加规范，这也是文化整合功能的作用。在文化的作用下，国家、民族的成员会逐渐产生一种归属感和自豪感，使国家内的各个民族的文化相互交融，从而使各个民族和谐相处，更加团结，促进社会和谐稳定发展。

（四）规范功能

文化具有规范功能，指的是在文化的影响下形成的规章制度更有利于规范人们的行为，从而促进社会秩序的稳定发展。现如今的规章制度随着生产力的发展在不断增加，社会和生产的发展需要依靠这些制度进行。假如人们的行为不再遵循规章制度，社会便会出现稳定性问题，这就凸显了文化的规范作用在当今社会经济迅速发展下的重要性。

（五）反向功能

文化的反向功能也是文化的重要功能之一。社会中往往存在着某些个体会违反社会的规章制度，举个例子，在社会上的某些活动中，大多数人会采用合理且合法的方式来实现自己的目的，但是也有少部分人采用不合理、不合法的行为来实现自己的目的。这少部分人就是社会的反向功能的体现，文化的反向功能需要通过整合功能和规范功能来进行纠正，用来维持社会的有序发展。

三、文化的特征

（一）传承性

传承性是文化的特征之一。文化并不是人们出现时就存在的，文化是随着人类历史的进程而发展的，文化的发展是历史上各个时代的人们不断继承和发扬的习得行为。文化的传承性对个体与社会的发展有着重要的作用，作为个体，人只有依附于文化才能够获得更好的发展。

文化经历了数千年的发展，逐渐成为人们的一种生活方式，文化的传承需要人们结合所处的时代对文化进行扬弃，即取其精华，去其糟粕。

（二）民族性

民族性是文化的重要特征。不同民族的文化是不同的，不同民族的文化反映的是各个民族的独特的生活方式、习惯和规律，与各自民族所处的环境和历史规律有关。所以，民族是文化的基本形式，民族文化是被民族的成员所接受的，是民族的思想基础和行为的体现。

（三）整合性

文化的重要功能之一就是整合功能，而整合性也是文化的主要特征之一。整合意味着文化内部的各部分是相互紧密联系的。外国学者把文化分为互动、联合、生存、两性、领土、时间、学习、消遣、防卫和利用十个系统，这十个系统可以被看作是文化的组成部分，这些部分是相互影响和相互联系的，人们可以根据某一个组成部分来描述整个文化的图景。

（四）稳定性与变化性

文化具有稳定性和变化性，这两者是辩证统一的。文化的稳定性指的是不论哪一种文化，其在受到其他文化的冲击时，总会保持自身的稳定，从而使自身可以持续地发展下去。不同的文化具有其固定的生活习惯、行为、价值观等，足以保持自身文化内部的稳定。与此同时，社会经济、政治等因素都在影响着文化，推动着文化的创新发展。因此，文化又是在不断发展的。

第二节 跨文化和跨文化交际

一、跨文化交际相关概念

（一）交际的概念

交际并不像大多数人理解的那样简单，交际的过程涉及的因素非常多，交际的整个过程也比较复杂。人们若想要加强对交际过程的理解，就需要有效地掌握交际的特点。交际的主要特点包括以下几点。

1. 交际是一个动态变化的过程

交际具有动态变化的特性，犹如一部动画片，是不断变化的，而不是像图片那样一直处于静止的状态。在交际过程中构成交际的各个因素会彼此发生作用，人们在交际的过程中会不断受到彼此发出信息的影响，当一方刚说出一句话或者是做出某种行为时，发出的信息很快就会被对方的话语或者是行为所代替。

2. 交际是一个不可逆转的过程

人们说出的话或做出的行为是不能收回的，尤其是说出的话或做出的行为被赋予了一定的意义就更加无法收回。由此可见，交际一旦开始就预示着其最终将走向完结，整个过程是不能逆转的。

3. 交际具有符号性

在交际过程中，为了将信息传递出去，人们常常利用符号这一媒介。人们在表达自己思想或观念时可以通过制造符号来完成。这种制造符号的能力是人类特有的，动物在进行交际时并不会使用符号。人们在交际过程中使用的符号可以是语言的，也可以是非语言的，无论是哪种类型的符号均具有代表意义。符号可以是一个词语、一种行为，甚至是一个物体。然而，符号在实际交际过程中存在一定的主观性，这是因为人们在制造符号时会受到文化因素的影响，处在不同文化背景中的人制造出来的符号所表达的含义是不尽相同的。

4. 交际是一个系统的过程

交际并不是一个独立发生的活动，其发生在一个包含多种因素的系统当中，例如交际发生的场景、场所、场合以及交际发生的时间，甚至参与交际的人数等因素都处于这个系统之中。

人们交际的行为在某种程度上会受到交际发生场所的影响，不同的交际场所当中会发生不同的交际行为。人在礼堂当中做出的交际行为与在学校中做出的交际行为会呈现出各自的特点。交际行为的发生通常包括两种类型，一种是在有意识条件下发生的，另一种是在无意识条件下发生的。人们无论是做出哪种交际行为，都是处在其所在的文化当中的。

交际发生的场合在某种程度上控制着人们的交际行为。人们在不同的交际场合当中会做出不同的交际行为。例如，在礼堂中，人们一般会举行各种活动，包括文艺演出、毕业典礼等，但在医院的病房中人们则不会做出这种交际行为。

（二）跨文化交际的概念

跨文化交际的模式一直是人们非常关注的话题，跨文化交际模式的种类繁多，在不同的过程、性质以及效果方面都有不同种类的模式。近年来，有关学者也对跨文化交际的模式进行了专门的研究。下面对其中几种跨文化交际的模式进行一些分析。

我国学者对跨文化交际的过程进行了描述，在研究过程当中其借鉴了施拉姆的交流模式，指出跨文化交际的过程一共包括三个阶段，即编码阶段、信息通过渠道传播阶段以及解码阶段。信息的编码与解码过程会受到文化的影响，处在不同文化中的交际双方会根据自己文化的规则进行编码与解码。举个例子，我们用甲和乙分别表示处在不同文化中的信息发送者和信息接收者。甲向乙发送信息时是按照甲的文化码本和程序进行编码的，然后信息经过某种传播渠道传递给乙。乙接收到甲传递过来的信息后，会依照乙的文化码本和程序进行解码。跨文化交际实际上是一个循环往复的过程，信息发送者和信息接收者的角色是可以进行互换的，因为乙接收到信息后需根据信息形成意向或做出反应，并将结果反馈给甲，此时乙会根据乙的文化码本和程序将意向或反应进行编码，之后再反馈给甲。可以看出，乙由原来的信息接收者变为了信息发送者。

我国学者同施拉姆一样，虽然对跨文化交际的过程进行了研究，但并未涉及跨文化交际的其他因素，例如跨文化交际的要素及结果。这是因为两者都是传播学学者，只从传播学的角度进行了相关研究。而与之不同的是，多德（Carley H.Dodd）则从文化学者的角度分析了跨文化交际的过程。多德引入了“感知文化差异”的概念，并将其视为跨文化研究中的重要因素。

对于跨文化交际的有效性，多德有自己的看法。他认为，跨文化交际之所以有效是因为交际者对“感知文化差异”（PCD）的掌握使他们能够适应交际中可能出现的“不确定性”和“紧张感”，而固执和文化偏见则会导致文化交际的失败。

“感知文化差异”的概念和假设也在多德的跨文化交际模型中得到了一定程度上的拓展，他强调文化只是造成交际者差异的原因之一，并对“感知文化差异”如何减少交际中的不确定性和紧张感以及如何在多样化的环境中实现有效的交际进行了描述。此外，多德还在自己的跨文化交际模型中提出了“C 文化”（即第三种文化）的概念，为交际建立了共同的文化基础，另外他还提出了跨文化交际应该达到的效果。

从多德的跨文化交际中我们可以看出，影响交际者差异的因素不仅仅是文化，人际关系和性格也会对“感知文化差异”造成一定的影响。在研究跨文化交际时，不仅要认识到交际者的文化共性，也要重视个别的差异。交际之所以失败了，大多数是因为交际者在交际过程中使用了不恰当的交际策略，例如有的交际者在交际过程中过分依赖定型的文化或者以退避、拒绝甚至是敌对的态度去对待不同文化的交际者。成功的交际需要交际者改变不当的交际策略，例如，对身处不同文化背景的交际者采取包容的态度。这种包容的态度有助于“C 文化”的建立，即建立一种基于交际双方共同性基础上的第三种文化。“C 文化”的建立在跨文化交际中发挥了十分有效的作用，其不仅给交际双方采取有效交际策略奠定了一定的基础，还使得交际双方在交际过程中能够运用相关交际知识和技能获得良好的交际效果。针对跨文化交际模式，不同学者提出了不同的方式，这些方式可以帮助我们从不同的角度认识跨文化交际。此外，跨文化交际模式的提出对界定跨文化交际能力、控制交际过程、选取交际策略甚至评价交际结果都有很大的价值。

二、跨文化交际意识与能力

（一）跨文化交际意识

1. 跨文化交际意识的内涵

人在做出某种行为时，一定是受到了意识的引领。所以，人们在进行跨文化交际时，若要正确理解对方做出的行为，就需要树立牢固跨文化交际意识，如此才能保证交际朝着顺利的方向发展。没有哪一种交际会是一帆风顺的，交际会因交际双方文化以及双方个体之间的差异遇到各种各样的阻碍。跨文化意识要求人们在交际过程中一定要认可世界多样化的文化形式。跨文化交际意识还强调交际双方在交际过程中要尊重对方，坚持人与人平等沟通交流的理念。由此可见，跨文化意识的树立不仅可以在一定程度上促进交际顺利进行，而且还有利于社会与人之间的和谐发展。

跨文化意识主要体现在对个体行为具有指导意义的认识思维上。跨文化意识具有文化性，人们要想提升自身的跨文化交际能力就要加深对自身文化与他国文化的认知。另外，世界多种多样的文化都应该受到人们的平等对待，人们应当尊重文化的多样性。交际者进行顺利的跨文化交际需要树立跨文化交际意识。只有深入了解各国文化之间的差异，才能有效解决跨文化交际中遇到的问题。

2. 跨文化交际意识的培养方法

培养跨文化交际意识并不是一朝一夕就能完成的，需要长期坚持，循序渐进。跨文化交际意识的培养涵盖多个层面，例如关于文化的词汇以及文学典故的涉猎，需要深入了解中西方不同的文化价值观念，熟悉中西方社交往来的正确规则等。当然，需要特别注意的是，在跨文化交际中我们还要重视非语言交际。对跨文化意识的培养可以从以下四个方面入手。

（1）旅游者心态

旅游者心态这个词相信大家比较陌生，它指的是交际者通常情况下会根据自身的文化对不同于自身的文化进行审视。然而这种心态往往会造成交际者产生文化优越感与文化偏见等现象，因为其只是在表面层次上对其他文化的事物进行了一定程度上的了解，并没有深入掌握不同文化事物之间的联系。

（2）文化休克

文化休克经常出现在跨文化交际时，交际者往往会因为对他国文化不够了解而产生误解，严重一点，还会引发交际双方之间的冲突。因为对新文化形式的不适应，交际双方在沟通交流时会发生各种各样的问题，致使交际不能顺利进行。当交际双方遇到这种情况时，常常会产生逆反心理，甚至会与外来文化进行对抗。

（3）理性分析与愿意适应

经历过文化休克的交际者，其跨文化意识可能有了一定程度的提升，与之伴随而来的就是越来越多的交际，这样一来，也会促进交际者对新文化环境的接受。交际者对新文化环境的理性分析，实际上是一种主观层面的对新文化形式的适应。

（4）主动了解和自觉适应

培养跨文化交际意识还需要交际者积极理解并自觉适应新的文化形态，深入探究新文化中事物的成因。在这个过程中，交际者可以主观地改变他们的跨文化交际意识，这是跨文化交际意识的最高水平。在这个过程中，交际者可以分析不同类型的文化价值观和社会状况。

（二）跨文化交际能力

1. 跨文化交际能力的内涵

跨文化交际能力实际上指的是处理跨文化交际过程中出现的问题的能力。如果一个交际者能够在跨文化交际中有效、合理地处理遇到的问题（如文化态度与文化差异问题），则说明这个交际者具备良好的跨文化交际能力。

跨文化交际能力要求交际者在跨文化交际实践过程当中，关注两个方面，即跨文化交际的有效性与得体性。其中，跨文化交际能力的有效性指的是在交际过程中能够有效实现交际的目标，而跨文化交际能力的得体性指的是在交际过程中要做到与目的语文化社会规范、行为模式及价值取向相符。

2. 跨文化交际能力的培养

（1）了解文化差异

人类文化既有相似之处，也有明显的差异。为了提高跨文化交际能力，交际者应该加深对不同文化之间差异的理解。在跨文化交际过程中，由于双方文化价值观的差异，交际者之间往往无法顺利地进行交际。为了改善这种状况，交际者应该尊重不同的文化，清楚地理解不同文化之间的差异。

（2）发展跨文化技能

跨文化交际能力的培养要求交际者不仅了解不同文化之间的差异，还要发展自身的跨文化技能。对于跨文化技能的发展，交际者可以从以下几个方面出发：

①消除固定思维模式。

②灵活应对交际情境。

③掌握目的语文化的内在规律。

三、跨文化交际之语言交际

（一）萨丕尔 - 沃尔夫假说

语言与文化之间的关系一直是众多人类学家密切关注的话题。德国人类学家洪堡很早就发表了关于语言差异性的言论，他认为影响语言差异性的因素在于人们对世界的不同看法，而不是发音和文字符号的不同。美国人类学家萨丕尔（Sapir）和沃尔夫（Whorf）更是提出了闻名世界的萨丕尔 - 沃尔夫假说，他们深入研究了语言与世界观、思维与文化之间的关系。

萨丕尔对北美印第安人的语言进行了深入研究，他在研究过程中试图探索发现语言词汇分类与人类物质生活及社会环境之间存在的关系。萨丕尔认为，因物质环境中的事物具有文化上的重要性，所以任何一种物质环境中的事物都应该通过语言对其进行命名。例如，生活在美国西南部高原地区的印第安人因峡谷对其生活有着特殊的意义，所以他们运用语言对峡谷进行了详细分类和命名。萨丕尔认为，人们对周围世界的兴趣和感知程度可以通过人们使用的分类词语的详略度反映出来。

沃尔夫是萨丕尔的学生。曾作为保险公司火灾理赔员的他，在工作中通过观察发现，火灾发生的大部分原因是人们对事物名称的错误理解。沃尔夫用具体的实例证明了语言、思维与行为三者之间的密切关系：之所以建筑工地的工人将未燃尽的烟头投入标有“empty（空）”字样的汽油桶里而引发火灾，是因为建筑工地工人对“empty（空）”一词存在误解。通常人们认为“empty（空）”表示“没有（不存在）”的意思，但实际上汽油桶中仍有部分残留的汽油，将烟头扔进其中，极易引发火灾。沃尔夫主要对语言中体现的特定思维模式与意义结构之间的关系进行了深入研究，他认为时间和事物的概念界定取决于人们使用的语言的特点，而不是人的经历。

语言不仅能够对思想进行表达和反映，还对人的思想以及世界观的塑造有促进作用，这是萨丕尔和沃尔夫通过研究印第安人语言得出的著名观点。

萨丕尔-沃尔夫假说中的含义主要体现在三个方面：第一，不同的语言在感知和划分现实世界时所采用的方式是不同的；第二，人们感知和理解世界的方式受其使用的语言结构的影响；第三，讲不同语言的人感知到的世界也不尽相同。

萨丕尔-沃尔夫假说的提出在很大程度上启发了后续人们对跨文化语言交际的研究，此后越来越多的学者采纳了萨丕尔-沃尔夫的相关理论，他们在跨文化交际领域研究中均认同语言和文化之间是相互作用的关系，并且相信人们对世界观的认识受自身语言模式的影响。

（二）语言与价值观

许多学者对语言与文化之间的密切关系进行了阐释。其中有学者提出文化是存在于语言当中的，而语言中又充满着文化。此外，为了表明语言与文化之间密不可分的关系，学者们创造了“languaculture”一词。但是语言与文化的发展并不是同步的，文化的发展往往快于语言的发展，所以，我们经常能看到文化是怎样通过语言被反映的。因此，文化是通过语言来表达、体现与象征的。

从语言与文化的关系中我们可以直观地看出，人们对于世界的看法、态度以及价值取向都可以通过语言进行表达。世界各地的语言中都包含着许多名言警句和俗语，无论是什么类型的语句都能直接表达出某种文化的价值取向。我们可以通过一个国家的名言警句和俗语等语句来了解该国家的文化价值观。

除此之外，谚语（格言）还能够表达出不同国家对语言在交际中的作用的不同态度与价值取向。例如，中、日两国的文化属于高语境文化，在语言表达上比较委婉、含蓄；而美国的文化与中、日两国的文化不同，其在语言表达上比较直接，属于一种低语境文化。从中、日、美三国谚语（格言）中我们可以看到不同国家关于文化在语言交际方面的不同价值取向：中国：君子讷于言而敏于行；日本：沉默是金；美国：沉默是傻瓜的美德。

尽管不同国家的谚语或者格言对文化价值观的表达存在差异，但是也有很多不同国家的格言或者谚语对价值观的认同存在一致性。这就说明了人们虽然身处不同的文化背景，但是也会拥有一些共同的价值观。例如，下面这些在英语和汉语中表达时间与奋斗概念的谚语和格言。

①有志者事竟成。Where there is a will，there is a way.

②活到老学到老。Man is never too old to learn.

③一寸光阴一寸金。Time is money.

（三）语义与文化

组成语言的词有很多，表达颜色、动物和数字的词在每种语言中都很常见。虽然这些词相对来说比较常见，但在不同语言中它们的意思和情感色彩却有很大的差异。这些词语之所以在语言和文化内涵上存在巨大差异，是因为不同国家在地理环境、思维方式和民族心理方面也存在巨大差异。人们在跨文化交际中会产生许多误解，而造成误解的一个重要因素就是其语言和文化内涵的差异。因此，许多跨文化交际学者越来越重视对词语文化内涵的研究。此外，词汇的文化内涵在语言教学中也不容忽视。

1. 颜色词

每种语言当中均含有表达颜色的词汇，这些词汇所象征的意义与联想意义因文化的不同而存在差异。例如，红色在中国京剧中表达人物忠诚的性格，但是在印度尼西亚的皮影戏中红色代表的则是贪婪。除此之外，黑色和白色在其中象征的意义也不尽相同，黑色在中国京剧中象征刚正不阿，在印度尼西亚的皮影戏中却象征着紧张；白色在中国京剧中象征着阴险狡诈，而在印度尼西亚皮影戏中的白色则象征着高贵。由此可见，颜色词所表现出来的象征意义、联想意义与情感色彩因文化背景的不同是不具有普遍性的，这进一步说明了文化制约着颜色词的内涵和意义。

红色是一个普遍存在于语言中的颜色词，其在很多国家的文化中象征着热情、危险或者是暴力。例如，美国学者阿恩海姆认为红色能够让人联想到火、血和革命，红色表达的是一种令人激动的含义，这在他的《色彩论》中有所记载。但中国对于红色所象征的意义有着独特的见解，即红色象征着幸福、吉祥与欢乐。我们在中国的一些文化习俗中可以看到，中国人在结婚时新娘要穿着红色的衣服，在春节这一传统节日中通常家家户户都张贴红色的对联，甚至是悬挂红色的灯笼。此外，当面临亲朋好友结婚生子时，为表祝贺一般还要送红包。当然，红色在中国文化中除了表达喜庆、吉祥与欢乐的意义之外，在传统文化当中还有辟邪之意，例如，为了趋吉避凶，一些中国人在自己“本命年”的时候，都会穿红内衣，系红腰带。

白色是自然界中的一种基本的色彩，在不同的文化当中象征着不同的意义。例如，在结婚时，西方国家的新娘会身穿白色的婚纱，日本新娘会穿白色带花的传统服饰，所以，在西方和日本的文化当中，白色代表的含义是干净和纯洁；在韩国，当送人礼金时，人们会用白色的信封进行包装，韩国国旗在设计时更是以白色为底色。而在中国文化当中，白色通常用来表示一些不吉利的事情，此外白色还代表着死亡与鬼魂。例如，中国人在举行葬礼时会穿白色的孝衣，出现在电影中的鬼魂也大多是身穿白色的衣服，看望病人送白色的花被认为是不吉利的。除此之外，现代汉语中还有“白军”与“白色恐怖”的表述。

根据以上分析可知，不同文化中的颜色词象征的意义存在较大差异，因此人们在跨文化交际中是很容易产生误会的。

2. 动物词

不同的文化对动物持有不同的态度。因此，在不同的文化中，动物词也象征着不同的意义，表现着不同的情感色彩。龙在中国是一种非常高贵的动物，是中华民族的象征，中国人称自己为“龙的传人”。在中国古代，龙不仅象征着皇权，还代表着威严和神力。随着时代的发展，龙也被赋予了新的意义。在现代中国，龙通常代表着吉祥、财富与成功。龙在汉语当中是一个褒义词，例如龙凤呈祥、望子成龙、龙马精神、龙腾虎跃等。此外，出于对龙的喜欢，很多家长也用“龙”给出生在龙年的男孩起名，还有一些家喻户晓的明星也非常喜欢用“龙”取名，例如成龙、李小龙等。与中华文化相反的是，英语中的“dragon”（龙）却是一个贬义词，其象征着邪恶、霸气和侵略，在西方的古典文学当中，“dragon（龙）”被描述为一种口中喷火的庞然大物。“龙”在中西方文化中代表的意义差别巨大，因此在 2006 年新浪网还专门报道了一篇学者们对关于龙的形象和名称进行的大讨论的文章，为了减少跨文化交际中的误解，有的学者认为在翻译“龙”这个词语时应当用音译过来的“Loong”表示，而不再用“dragon”表示。

在跨文化交际中，“狗”也是一个容易让人们产生误会的动物词。在中国传统文化当中，狗带有一些负面的含义，狗的形象容易使人产生负面的联想，而一些与狗有关的词语也含有贬义，例如，“狗仗人势”“狼心狗肺”“走狗”“癞皮狗”“丧家犬”等，从这些词语中也不难看出中国人在传统上对狗持有的态度。狗的含义虽然在汉语中存在贬义，但在英语当中却是褒义的，其一般表达的都是正面的意义，例如“love me，love my dog（爱屋及乌）”“work like a dog（拼命工作）”等。“you lucky dog”的意思是“你真幸运”，当人们说出这句话时常带有羡慕与亲密的语气。但是在汉语当中用狗作为人的形容词，则是对人的一种侮辱。狗在这时常常象征着一种奴性，暗示着人对上司的巴结，例如，“他就是一条走狗”，其贬义色彩十分明显。但是，在西方国家，人们常常将狗作为自己的一个家庭成员向他人进行介绍。

除了“龙”和“狗”之外，还有一些动物词在不同文化中也具有差别很大的象征和联想意义。例如，猫头鹰在中国被认为是一种不吉祥的动物，人们通常将它与不幸或死亡联系在一起，因为其叫声常常使人产生不祥的预感。“夜猫子进宅，好事不来”，从这一俗语中便可看出中国人在传统上对猫头鹰的态度。与中国文化不同的是，在希腊文化当中，猫头鹰通常是智慧的象征。再如蝙蝠，在中国文化中是吉祥的象征，但在西方文化中却是不吉利的象征。在传统的中国年画中常常可见蝙蝠的形象，因为“蝠”与“福”谐音，但是在西方国家，人们认为蝙蝠常常使人联想到死亡。此外，动物词“牛”在中国文化中的联想意义通常都是正面的，在中国，“老黄牛”“孺子牛”“拓荒牛”传递了艰苦奋斗、创新发展、为民服务的美好精神，但在日本文化中“牛”的联想意义却是负面的，常常使人联想到愚笨和懒惰。

3. 数字词

最初，数字词只是对数字的指示，但随着社会的发展，数字词在不同文化中也逐渐具有不同的象征意义。数字“8”在中国文化中具有吉祥的含义，因其与“发财”的“发”是谐音，人们通常将其认为是财富和好运的象征。在很多地方都能看出国人对数字“8”的偏爱，例如在给汽车上牌照时会偏爱末尾号是数字“8”的牌号，在买手机号时也喜欢末尾数是“8”的号码；做生意的人喜欢选择8号作为开业的日子，即将结婚的新人也喜欢选择8号举行婚礼；此外，北京奥运会的开幕仪式也选择在2008年8月8日晚8点举行。数字“8”在中国受到广泛追捧，不仅可以看出中国人对数字“8”的偏爱，还从侧面反映出当代中国经济的发展状况以及国人财富观念的变化情况。与中国相同的是，数字“8”在日本也象征着吉祥，从人们对汉字“八”的写法中就可以看出这一点，“八”字从窄处开始，越写越宽，也预示着越来越顺利。

因为“4”在汉语、韩语和日语中都与“死”在发音上具有相似性，所以在东亚文化中，普遍认为“4”是一个非常不吉利的数字。上文提到，中国人在选择车牌号和电话号码时非常喜欢末位是“8”的号码，与之相对的是人们讨厌末位是“4”的号码。同样在日本与韩国，人们也非常不喜欢“4”这个数字，一些医院和高级公寓在标注楼层时甚至都不标明第4层。

数字“9”在所有个位数字中是最大的一个，所以其在汉语表达中也代表了一种最高的境界。中国文化中通常也认为“9”是一个象征吉祥的数字，因为“9”与“长久”的“久”是谐音。中国古代的帝王常常用“九”字来表达自己拥有至高无上的权力，即“朕是九五之尊”。与之相反，数字“9”因与日语里的“苦”为谐音，所以“9”在日本文化中是一个不吉利的数字。“苦”有痛苦之意，所以日本人特别不喜欢含“4”“9”的数字。

数字有单双、奇偶之分，不同性质的数字在不同文化中象征着不同的意义。在中国文化中，偶数象征着和谐与圆满，所以中国人非常崇尚偶数。

例如，中国古代的诗词歌赋中讲究语句的对偶，在建筑结构中讲究对称。为了图吉利，大多数人也会挑选偶数日子举办婚礼，在饭店点菜时也经常点双数。在中国人看来，结婚要用双喜字，礼物要双数，举办婚礼时也选择在双数日子举行，预示着以后这对新人的日子会幸福美满。此外，在汉语当中很多都是双音节的词汇，成语也通常是由四个字组成的，中国人对偶数的偏爱也折射出中国文化对和谐与平衡观念的重视。

与中国不同，日本和韩国则更偏爱单数。在日本文化中，结婚时要避免使用双数，因为日本人认为双数容易拆分，含有离婚的含义。日本人在参加他人婚礼时，也必须准备单数钱的红包。韩国人则认为单数属于阳数，在韩国，人们认为构成万物的基本元素有三个，即“天、地、人”。韩国人认为“一”代表阳，“二”代表“阴”，“三”代表阴阳的结合。“三”是最完美的数字，所以，韩国人尤其喜欢数字“三”。“3”在韩国被认为是吉利的数字，但是在越南文化中则与之相反，人们认为“3”是不吉利的。例如，在照相时，很少有三个人在一起合照，做生意的人也尽量避免在3号的日子出门。

（四）语用与文化

1. 礼貌原则与策略

礼貌原则是影响文化语用规则的重要因素之一。礼貌不仅可以在交际过程中起到维护交际双方均等地位的作用，还可以有效促进交际双方的友好关系发展。虽然人们在说话时同样也遵循合作原则，但是大多数人通常会丢掉合作原则来维护礼貌原则。

不同的文化对礼貌的各项准则的重视程度是不同的。东方的国家，例如中国和日本更加注重礼貌原则中的谦虚准则，而西方国家则比较注重礼貌原则中的得体准则，处于地中海地区的许多国家就比较注重慷慨准则。

当受到他人赞美时，中国人在回应对方时遵循的准则是不同的，通常大多数中国人比较谦虚，回答的是“哪里哪里”；而美国人通常对他人表示感谢，遵循的是礼貌原则中的一致准则，回答的是“谢谢”。

中国人的礼貌特征有四个方面，即尊重、谦逊、热情、文雅。中国人最注重的是贬己尊人准则。

面子的概念是相对礼貌而言的，有学者认为面子指的是一个人努力在公共场合中获得的个人形象，在交际过程中人们均有积极面子和消极面子两种面子需求。在与他人沟通的过程中，期待得到他人的尊重、认可甚至是欣赏的面子被称为积极面子；消极面子是指希望自己有权自由选择自己的行为，即在与他人交流的过程中，希望他人不要强迫自己，希望他人不要干涉或阻碍自己的行为。许多语言行为其实在本质上就会给人的面子带来一定的威胁，为了有效减轻这一威胁，人们在讲话时就要采取礼貌策略。然而，有多种因素制约着礼貌策略的使用，这些因素一般包括说话者和听话者之间的权力距离和社会距离、言语行为的施加程度等。

在影响礼貌策略使用的因素中，不同文化背景的人对权力距离和社会距离有着不同程度的理解和关注。在注重等级观念的国家中，人们认为影响人们使用礼貌原则与策略的重要因素是权力距离，而在等级观念没有那么严重、注重地位平等的国家当中，人们通常认为影响人们使用礼貌原则与策略的重要因素是社会距离。

不同语言中理解和实施与礼貌相关的语言行为的特点是早期的跨文化语用学的主要研究方向，由 Blum-kulka 等在 20 世纪 80 年代开展的 CRISSCROSS-Cultural Speech Act Realization Pattems 项目是其中最有影响力的研究。这个项目比较了八种语言中的“请求”和“原谅”这两种语言行为，并调查了不同文化语境下语言行为的常见策略和礼貌程度，以及影响语用策略选择的文化因素。此项目的研究对象为学习第二语言的学生，在研究过程中考察分析了这些学生对目的语的语言行为是如何进行理解并实施的。此外，还考察了他们对礼貌程度是如何进行判断的。

本研究具有重大的意义，不但有助于加深第二语言学习中关于文化学习的特点的理解，而且有助于人们了解语用迁移与语用失误。

2. 与礼貌相关的言语行为

与礼貌关系的言语行为多种多样，其中，称呼语、称赞语、道歉语以及请求语与之关系最为密切，它们是跨文化语用学研究最多的言语行为。下面将重点讨论这几种言语行为在跨文化交际过程中的相同与差异之处。

（1）称呼语

在语言交际当中，称呼语是一种最为常见的言语行为。人们基本的礼貌行为就是在与人沟通交流时要使用得体的称呼。从人们对称呼语的使用中可以了解到不同文化背景下的人对社会关系的理解程度。称呼语一般分为面称与叙称两种类型。关于称呼语的称呼形式也有两种，即亲属称呼和社交称呼。本书对于称呼的研究主要是面对面的交际称呼。称呼语因受民族传统观念、社会形态以及价值取向的影响，在不同环境下呈现出不同的特点。

中美两国关于称呼的形式有各自的特点。1964 年，学者们对美国英语中的称呼形式进行了划分，他们认为称呼形式主要包含三种类型，即相互称名、相互称“职衔 + 姓”以及一方称名，一方称“职衔 + 姓”。1989 年，我国学者陈松岑将中国的称谓语划分为七种类型，即亲属称谓、职业称谓、职务称谓、通称、姓名称谓、人名称谓以及不称，并在《礼貌语言初探》中对其进行了详细描述。他认为，在这七种称谓语中，亲属称谓、职务称谓和姓名称谓最容易引起跨文化交际中的误解。

在大多数集体主义文化中，人们在交际过程中都会使用亲属称谓。这是对家庭关系在人际交往中的重要性的一种反映。亚洲的一些国家普遍具有使用亲属称谓泛化的特点。在中国文化当中，中国人在使用亲属称谓时通常会根据对话人的辈分、年龄以及谈话的场合进行选用，以免发生亲属称谓使用不当的情况，造成尴尬局面。中国人在社交过程中普遍使用的亲属称谓主要有“爷爷、奶奶、大伯、大娘、叔叔、阿姨、大哥、大姐”。然而，在使用英语交流的国家，人们通常很少在社交场合使用亲属称谓。在称呼父母的朋友时，人们通常使用“叔叔（Uncle）+姓名”或“阿姨（Aunt）+姓名”的形式，但这种形式不适用于称呼陌生人。在西方文化中，“老”的概念是禁忌，因此“老爷爷、老奶奶”的称呼非常罕见，因为使用这种称呼很容易引起对方的不适。

“职衔+姓氏”的称呼形式在很多国家被认为是一种礼貌且正式的称呼形式。这种称呼在东南亚国家最为常见。在西方国家，地位不同或相同的人在称呼对方时更喜欢使用对方的名字。有些美国人就会要求陌生人在初次见面时直接说出自己的名字。然而，与美国人相比，英国人在称呼上更加正式。在称呼社会地位较高的人和老年人时，英国人通常使用“职衔+姓氏”的形式，只有对不同职位的熟人才使用互称名字的形式。此外，其他西方国家也更喜欢直接使用正式的称呼，如法国和德国。

在跨文化交际中，免姓称名的称呼形式也容易引起误解。在西方文化中，处于兄弟姐妹、朋友、上级和下级关系的双方在进行交际时，经常使用互相称名的形式。我们经常认为，在美国，有些孩子可以直接叫父母的名字，这实际上是一种误解，因为美国是一个离婚率相对较高的国家，尽管再婚家庭的孩子可能会直接称呼继父或继母的名字，但他们不会直接称呼亲生父母的名字。在中国，免姓称名的称呼方式通常只出现在家人和朋友之间。此外，通常以丈夫（妻子）或男朋友（女朋友）的身份表达配偶或情人之间的亲密关系时，交际双方在交际过程中会直接称呼对方的名字。例如，一个名叫“张丽”的中国女人通常只被她的丈夫或男友称为“丽”。如果外国人对中国的称呼规则了解不够，他们会对这种称呼形式产生误解。

例如，张丽的外国同事叫她“丽”，这会让张丽感到非常尴尬。

（2）称赞语

称赞语在人际交往中发挥着重要的作用，为了构建良好的社会关系，人们常常使用称赞语。在与人打招呼、表示感谢或抱歉以及引出话题时均可以使用称赞语。在跨文化交际当中，称赞语的使用非常普遍，但是如果使用不当也容易造成尴尬的局面。不同国家称赞的对象、内容、频率以及回答方式因文化的不同存在较大差异，若掌握的不够，很容易引起跨文化交际误解。

汉语称赞语的句式十分集中。虽然汉语称赞语的主要句式与英语存在相似之处，但是也存在明显的差异，即英语的第二种句式“I+like/love+NP”在汉语称赞语中很少被使用，中国人并不采用这一形式来表达对某样东西的称赞，因为使用“我喜欢你的……”这种形式来称赞别人的物品时，很容易给人留下贪婪的不好的印象。

此外，对于这种称赞，大多数中国人都会认为是他人对自己的一种委婉或间接的请求。例如以下对话：A：我喜欢你的帽子。B：喜欢吗？送给你吧。由此可见，当 A 对 B 的帽子进行称赞时，B 会理解为 A 可能是想要自己的帽子。

称赞语在频率、内容和对象方面均能体现出跨文化差异性。举个例子，在称赞频率方面，美国远远高于日本。关于称赞的内容，美国与日本也是不同的。美国人通常称赞别人的外貌和人品，而日本人在称赞别人时主要体现在才能和表现方面。对于称赞外貌而言，中国人因为重视内在道德素养以及崇尚含蓄的观念，不太喜欢对别人的外貌进行称赞，异性的两个人评价对方外貌的情况也比较少见。与中国相反，美国人则十分喜欢对他人的外貌进行称赞。针对这一情况，可以看出，美国人对他人外貌的称赞，一方面说明了美国人对称赞交际功能的重视，另一方面也体现出美国人对新事物以及变化的价值观的追求。美国人虽然喜欢对他人的外貌进行称赞，但需要注意的一点是，美国人在对他人称赞时，称赞的大多是其衣着打扮的变化，而不是其长相，因为人的长相是天生的并且不易发生改变，而衣着打扮可以通过人为手段进行改变。所以，当美国人听到中国人称赞美国女生美丽、漂亮或者男生很帅的时候很容易感到尴尬甚至是惊讶。

称赞语的回答方式最大程度上体现了称赞行为的跨文化差异。1995年，有学者将称赞语的回答方式划分为三类，即接受、拒绝与回避。在称赞语的回答方式上，英语国家的人一般采用接受的方式，当你称赞一个美国人时，你肯定会得到“Thank you（谢谢）”的回答。与英语国家不同，中国人在听到别人称赞自己时，往往会进行否定，会有“哪里哪里”“不敢当”以及“您过奖了”等回答。这是因为中国人在称赞回答方式上遵循的是谦虚准则，而英国人和美国人在称赞回答方式上遵循的则是一致准则。如果中国人和西方人对他国的文化不够了解，均以各自的方式在交际中回答对方的称赞，就会在交流沟通中产生误解。

（3）道歉语

除了称呼语、称赞语之外，道歉语也是交际中十分常见的言语行为。道歉的功能是对冒犯行为进行补救，其主要作用是使社会关系的和谐得到恢复。由此可见，道歉实际上是一种补救措施。道歉语在内容和形式方面存在差异，在跨文化交际中，如果对一个国家的道歉表达不够了解，很容易产生误会。西方人将中国人很少说“对不起”的行为，看作是一种不讲礼貌的行为，并常常发出抱怨。实际上，在道歉的使用场合和表达方式方面，中国和西方国家是存在很大差异的。外国学者将道歉策略概括为以下四种类型：第一，明确道歉；第二，解释或说明原因；第三，承担责任；第四，对未来做出承诺。有大量研究证明，虽然道歉语在使用场合和表达方式上有所不同，但是身处不同文化背景的人们在使用道歉策略上存在一定程度上的相似性。英语中关于道歉语的词汇主要有“apologize（道歉、认错）、forgive（原谅、宽恕、饶恕）、sorry（对不起）、regret（后悔、遗憾、哀痛、痛惜、惋惜）、excuse（为……道歉）、pardon（原谅、谅解、赦免）、be afraid that（担心、害怕……）”等，汉语中关于道歉语的词汇主要有“对不起、不好意思、原谅、抱歉、遗憾”等。道歉语也是一种在语言形式上高度格式化的言语行为。道歉语大多包括直接道歉和承担责任两个部分。

不同文化的道歉语均受到权力距离与社会距离的影响，其受到的影响程度也是不同的。美国的长辈对晚辈或上级对下级采用直接道歉策略的比重要高于中国人。在中国，下属如果在与其上司的约会中迟到了，下属可能会采用直接道歉、说明原因、承担责任以及允诺克制四种道歉策略，他可能回答道：“领导，实在是对不起，我在路上堵车了，实在不好意思耽误了您这么长的时间，让您久等了，以后为避免这种情况，我会提前规划时间，早点出门。”相反，如果上司在与其下属的约会中迟到了，上司并不会直接使用道歉语，可能只会说一句“我路上有点堵车”来表示抱歉。由此可见，在中国文化当中，道歉策略的选择深受权力距离的影响。但是与中国文化不同，在西方文化中，无论交际双方谁的地位较高（低），在表示道歉时，均会采用直接道歉的策略，例如“I am sorry.（对不起。）”“I apologize.（我很抱歉。）”

道歉语在跨文化交际中经常出现被误用的情况。对于“I am sorry.（对不起。）”以及“Excuse me.（不好意思。）”两种道歉语，英语学习者常常分不清两者应该在哪种场合或情况下进行使用，极易出现语用失误。

早在1978年就有国外学者对此进行了分析，他们认为当对违背社交礼仪进行补偿时要用“Excuse me.（不好意思。）”，而当对一个人权利受到侵犯或者是一个人感情受到伤害而进行补偿时要用“I am sorry.（对不起。）”，两者使用的场合存在差异，当你即将占用别人私人空间或者是将要打断别人的谈话时，要用“Excuse me.（不好意思。）”来表示抱歉；而当你已经占用了别人的时间，或者踩了别人的脚时，使用“I am sorry.（对不起。）要比“Excuse me.（不好意思。）”更为合适与得体。

第三节　翻译与语言文化因素

一、语言文化因素

（一）词汇文化因素

在英汉语言中，词汇就好比是其组成细胞，各种各样的词汇组成了具有不同意义的英汉两种语言。各种各样的词汇体现着丰富性，也间接导致了英汉词汇在某些层面的差异性。

1. 完全对应

完全对应是指在英汉两种语言中，英语词汇和汉语词汇的词义是完全对应的，通常这类词汇为名词、术语、特定译名等。

2. 部分对应

部分对应是指在英汉两种语言中，英语词汇和汉语词汇的词义是部分对应的。也就是说，英语词汇的词义和汉语词汇的词义不等同，可能存在英语词汇的词义较为广泛，而汉语词汇的词义却比较狭窄的情况；或者是汉语词汇的词义较为广泛，而英语词汇的词义却比较狭窄的情况，例如 sister（姐姐、妹妹）。

3. 无对应

无对应是指在英汉两种语言中，英语词汇在汉语词汇中找不到对应词，汉语词汇在英语词汇中也找不到对应词，彼此在双方之间存在着无法对应上的情况，这种情况也被称为“词汇空缺”，例如 chocolate（巧克力）。

4. 貌合神离对应

貌合神离对应是指在英汉两种语言中，英语词汇和汉语词汇从表面上来看，彼此是相互对应的；但仔细研究就会发现，英语词汇和汉语词汇并不对应，彼此就像是一对“假朋友”。例如：mountain lion 是指“美洲豹”，而不是“山狮”；talk horse 是“吹牛”，而不是“谈马”。另外，酒店是“hotel”，而不是“wine shop”；白酒是“spirits”，而不是“white wine”。

5. 词汇的搭配

词汇的搭配遵循着一定的规律与关系，其主要研究词汇与词汇之间的横向组合关系，也就是“同现关系”。通常来说，词汇的搭配是约定俗成的，但是英语词汇和汉语词汇搭配的规律却有着很大的差异，要时刻注意不能混用。

除此之外，在英语词汇和汉语词汇中，都有一些具有强大搭配能力的词汇。例如：英语中的“to do”可以构成很多词语，如 to do the bed（铺床）、to do the window（擦窗户）、to do the dishes（洗碗碟）。

通过上述“to do”与床、窗户、碗碟的搭配而得到新的词语，体现了“to do”的搭配范围较为广泛。反过来看汉语词汇的搭配中，用了多种动词，如“铺”“擦”“洗”。再如，汉语词汇中表示“看”的词汇，在英语词汇搭配中却涉及很多词汇，看电影对应为 see a film，看电视对应为 watch TV，看地图对应为 study a map。

（二）句法文化因素

1. 语言形态

基于语言形态学视角，语言可以分为综合型语言和分析型语言两种。

这两种语言之间有着不同的特征，综合型语言的语序不死板，具有强大的灵活性；分析型语言的语序则相对较为固定。

从整体上来说，汉语中的主要成分为分析型成分，所以汉语的语序相对来说不会过于灵活，而是相对固定。相对于汉语来说，英语句子中的成分既包括分析型语言，也包括综合型语言，所以不能单纯地认为英语是综合型语言或是分析型语言，只能说英语是以综合型语言为主，逐渐向分析型语言发展。所以按照目前的情况来说，英语是综合型语言与分析型语言相结合的一种语言。汉语中的语序通常为主谓语序，即主语在谓语前面，这一语序是固定的，不会发生变化。这也说明中国人在表达上很少使用倒装句。相反地，英语句子中会出现许多倒装句，特别是英语商务文本，出现倒装句的频率是最高的。综上所述，英汉两种语言在语序上存在明显差异。

首先，以陈述句与疑问句的转换为例。在英语中，陈述句与疑问句的转换只需要移动动词位置即可。但是在汉语中正好相反，动词位置不移动也可以完成陈述句与疑问句的转换。例如：

英语陈述句：She is Lily's mother.

转换疑问句为：Is she Lily's mother? 可以明显看到，英语句子中的be动词位置发生了移动。

汉语陈述句：她是莉莉的妈妈。转换疑问句为：她是莉莉的妈妈吗？在汉语句子中，动词位置并没有移动。

其次，句子中动词位置的移动是为了实现某些语义需要。在英语中，存在一种话题性前置现象，例如表达否定意思的状语前置，主语会位于助动词的后面，形成主谓倒装句式，但在汉语中没有这种前置现象。例如：

Rarely have I heard such a rude word from Tom.

我很少从汤姆那里听到如此粗鲁的话。

最后，句子中动词位置的移动还可能是为了突出语势或者使句子的描写更加生动形象，以满足修饰句子的需要，所以这种现象在英语中被人们称为“修辞性倒装”，也叫“完全倒装”。在这种倒装句式中，将谓语动词放在主语的前面，用来抒发强烈的情感。

例如：

In came the Mayor and the speech began.

市长走了进来，然后开始讲话。

2. 扩展机制

人们思维的改变会引起句子基本结构的改变，人们思维的延伸会促使句子呈现出线性延伸。思维的改变与延伸对句子产生的影响，被人们称为扩展机制或是扩展延伸。从线性延伸这一层面入手，会发现英语和汉语句子有着不同的延伸方式。

汉语句子的延伸特点为：句子开端具有开放性，句子末尾具有收缩性。

线性扩展延伸机制分为顺线性和逆线性两种扩展延伸机制。虽然汉语和英语都属于线性扩展延伸机制，但具体细分来说，汉语的扩展延伸机制为逆线性，英语则属于顺线性扩展延伸机制。顺线性扩展延伸机制是指扩展顺序从左到右，也叫作 LR 扩展机制，其中“L”指英文单词“left”，“R”指英文单词“right”。逆线性扩展延伸机制的扩展顺序为从右到左，也就是 RL 扩展机制。所以在英语句子的延伸中，其句子末尾具有开放性。

3. 语态因素

首先，汉语句子使用的语态多为主动语态，这通常与中国人处事的方式有关。

中国人在做事方面通常都是重人不重事，较为注重动作执行者在事情中发挥的作用。在运用汉语语言的过程中，中国人使用主动语态表达需求，明确阐述动作执行者的意思。此外，中国人并非完全不使用被动语态，一旦使用被动语态，说明需要表达一些不希望发生的事情或者发生了一些不好的事情，比如发生事故或者受到损失等。被动语态使用不多的原因主要是受文化差异的影响，在汉语中用被动语态来陈述某一件事情或者表达需求时，会给人一种生硬的感觉。

通过上述内容可以得知，汉语句子与英语句子一个明显的不同之处是，汉语句子中存在的被动句式少于英语句子，且通常会使用主动句式来代替被动句式，可以说这与中国人的主体思维息息相关。自古以来，中国人都认为“事在人为”，也就是一个动作或者一件事情不可能主动完成，而是依靠人自身的指导完成相关动作或事情，所以人作为动作执行者对动作或事情的完成起着至关重要的作用。若是动作或事情的完成没有明确的动作执行者，通常就会选用一些泛称词语代替，比如“有人”“大家”等。若是泛称词语代替作用不明显，不采用泛称词语进行代替也是可以的，即采用无人称来表达意思，也就是常说的“无主句”，例如，“下雨了！快走！”。

其次，英语句子使用的语态多为被动语态。主要是因为西方人习惯用被动语态来强调客观事物的规律，并对其表达出一定的重视，这是与中国人的表达方式完全不同的地方。因此，被动语态出现在英语句子中或是其他一些英语文体中，是很正常的一种现象。

基于语法结构这一视角，英语中的被动语态不但形式多，而且时态也不一样，从而导致被动语态结构存在一定的差异，也导致不同时态的被动语态结构的句子代表不同的意义。

作为英语句子中的“常客”，被动语态经常出现的原因有如下几点：

第一，不确定动作执行者身份或是动作执行者的身份无须进行说明。

第二，需要显示动作执行所面向的对象。

第三，动作执行者的实际身份确定不是人类。

第四，需要翻译汉语句子中的被动词。

第五，文体类型为新闻、科技或公文时，因文体具有客观性、公正性以及严谨性等特点，通常使用较为正式的语气，满足其表达需求的情况，所以使用的被动语态较多。

4. 句子重心

从句子重心这一层面看，在汉语句子中，通常会把表示重要成分的内容放在句子末尾，而在英语句子中，表示重要成分的内容一般在句子的前面。

在清朝末年时期，有这样一个传说：曾国藩在率领湘军镇压太平军的时候，别说打胜仗了，没有丢掉性命就已经谢天谢地了。曾国藩用“屡战屡败”一词向朝廷报告镇压太平军的战况，该词翻译成英语为“He was repeatedly defeated though he fought over and over again.”，当军师看到“屡战屡败”这一词时，立即将其改为“屡败屡战”，该词翻译成英语为“He fought over and over again though he was repeatedly defeated.”。

从这个词的表面来看，使用的词是相同的，不同的是顺序发生了变化，由此其蕴含的意义也发生了极大的转变。

首先“屡战屡败”一词的含义是一直在战斗却一直在失败，表明了曾国藩领军能力以及所带军队的能力存有很大问题，而且也反映出曾国藩已然丧失作战信心，甘愿领罚。

其次“屡败屡战”一词的含义是即使一直在失败但仍然在战斗，表明了曾国藩誓死效忠朝廷，守护祖国山河的决心。不管失败多少次，只要战斗打响，绝对会英勇迎战。根据上述内容，从汉语来说，“屡战屡败”一词的重心在末尾，即“败”字上，而“屡败屡战”一词的重心也在末尾，但词为“战”字。这正是军师的神来一笔，在不伤及曾国藩自尊心的基础上，顺利救下了他的性命，使其免于灾祸。上述故事，表明了汉语和英语重心位置的不同，所以在进行翻译活动时，要考虑重心应该所处何位。

（三）语篇文化因素

1. 隐含性与显明性

隐含性是指汉语语篇逻辑关系的隐含性。在汉语语篇中很少使用明显的衔接词串联上下文来表示文章的逻辑关系，而是依靠上下文的内容去推断并梳理语篇的逻辑关系。显明性与隐含性相反，其通常体现在英语语篇中，依靠“but”“and”等表示连接的词语将语篇的逻辑关系连接起来，因此英语中有着明显的语篇连接标记。汉语归属于意合语言，英语归属于形合语言，这是汉语和英语两者之间本质的不同。根据上述内容，可以知道，汉语的连接具有高度的隐含性，侧重意念上的连接；而英语的连接则具有高度的显明性，侧重形式上的连接。

2. 展开性与浓缩性

汉语语篇除了在逻辑关系的连接上有着高度的隐含性之外，还具有展开性。为了将事情或者逻辑关系陈述清楚，汉语语篇中通常会使用短句的形式一点一点地进行论述。英语语篇与汉语语篇的展开性相反，除显明性之外，还具有高度的浓缩性。表示连接的词语出现在英语语篇中，表明了强烈的连接性，是语言活动的一种形式。英语语篇本身独特的思维方式和语言特点，决定了人们在进行表达时，习惯使用多种方法将较多的信息表达出来，体现了英语表达方式的高度浓缩性。可想而知，如果将英语语篇按照汉语语篇的方式进行表达，必定会显得生硬且不合理。

3. 迂回性表述与直线性表述

另外，汉语语篇与英语语篇逻辑关系的差异还体现在表达的直线性和迂回性上。汉语语篇侧重以“分一总”的形式进行描述，其在表达观点之前，先围绕观点进行铺垫，将与观点相关的信息展开描述，一步一步，直到最后进行观点陈述。英语语篇则正好相反，在语篇的一开始，就开门见山地陈述观点，然后再围绕观点挖掘背后的相关信息，进行陈述论证。

二、语言文化因素对翻译的影响

汉语和英语之间语言文化因素的巨大差异，直接影响了翻译活动，并且具有明显的影响。翻译活动形式较多，有词汇方面的翻译、句法方面的翻译以及语篇方面的翻译。不管是哪方面的翻译，译者在进行翻译活动前，首先要做的就是了解需要翻译的内容蕴含的意义，避免翻译过程产生失误，造成错误的翻译结果。

第四节 翻译与物质文化因素

一、物质文化因素

人们日常生活中的饮食、日用品、服饰、生产工具以及设施等，只要涉及衣、食、住、行、用的方方面面，统称为物质文化。

英、汉两种语言除了上述提到的语言方面的差异，物质文化方面也存在着较大差异，下面以饮食文化为例作说明。

首先，分析中西方在饮食对象方面的差异。中国人的饮食通常与中国人的生存环境息息相关。中国幅员辽阔，气候多样，丰沃的土壤使得中国人以种植业为主，畜牧业主要分布在高原和草原地区。

近年来，随着中国社会的发展以及经济的进步，中国人的饮食已经不再满足于素食为主、肉食为辅的形式，而是发现了更多可食用的食物种类，配合多样的烹饪方式，让中国人的餐桌异彩纷呈，让中国人不再局限于“吃饱”，而是追求“吃好”“吃得开心”。另外，中国多样的烹饪方式也在推动着人们对美食的创新与追求，将中国美食文化带到了世界各地。

西方国家的种植业较少，主要以畜牧业为主，所以西方人的饮食以肉食和奶制品为主，配以少量的谷物。因为大量摄入肉类，所以高热量、高脂肪的食物是典型的西方国家饮食。西方人讲究食物的原汁原味，认为食物本身蕴含着天然的营养，所以西方人的食材虽然有着丰富的营养，但食材种类较少且食物的烹饪方式较为单一，制作出来的食物也很简单。西方人通常对食物的烹饪方式很少进行研究，在他们看来，吃食物只是为了解决饥饿感，为了生存下去而已。

其次，中西方在饮食习惯方面，也存在着明显的差异。在中国，无论是何种意义的宴席，餐桌都以圆形为主，正方形和长方形较少。各种各样的食物都放置在桌子中间，例如凉菜、热菜、主食、甜点等，围成一个圆圈。人们通常会依据身份、年龄或地位等因素选择位置入座或是进行座位分配。这与中国人尊老爱幼、谦虚的美好品质有关，例如长者通常先入座，且入座位置通常为主位。宴席开始之后，用餐的人会通过互相敬酒或是夹菜表达、交流感情，用餐氛围通常是安静的、平和的。

西方人很少按照固定模式，聚集在一张桌子上用餐，大家用餐时互不干涉，即使用分食制。即使是温馨的聚会，西方人也通常是以自助餐的形式，将食物依次摆放开来，人们随意走动，选择自己想要的食物。在来回走动中，人们一边选择自己想要的食物，一边与人交流对话，表达情感。西方人的宴会布置以优雅、温馨为主，注重营造舒适的氛围。

二、物质文化因素对翻译的影响

由于中西方饮食文化存在巨大的差异，再加上中国人追求浪漫，通常一道中国菜品的名字就兼具形与意，因此在向西方人介绍中国菜肴时，既要使宾客对菜肴的外形一清二楚，又要让宾客理解菜肴蕴含的意义。这就要求译者掌握菜肴名称背后的含义，且具备较强的翻译技巧。

以中国菜肴“翡翠菜心”为例，这道菜的主要食材是蔬菜——上海青，其因外形与颜色同翡翠相似，遂以此命名。因为翡翠是不能食用的，只是用来借此增加菜肴名称的美感，所以在翻译时“翡翠”一词不翻译。中国人在命名菜肴时经常会借用一些不可食用的物品，所以在进行菜肴名称翻译时需要格外注意。

另外，中国悠久的饮食文化、各种各样的食材以及丰富的烹饪方法，使得许多菜肴有着天下无双的名字。译者在翻译这类菜肴时，对名称需要进行迁移处理，结合译入语的表达习惯与当地特色，选择音译的方式来翻译菜肴名称，以达到形与意兼具的目的。

总而言之，以上所述这些物质文化差异，会使译者在进行翻译活动时遇到较大的阻碍。为了达到翻译结果准确并且翻译时游刃有余的目的，译者要在日常生活中多多学习不同的文化知识，了解历史意义。只要有了丰富的知识储备量，就不会惧怕在翻译活动中遇到的困难了。

第五节 翻译与社会文化因素

一、社会文化因素

（一）思维观念方面

1. 中国形象思维与西方抽象思维

中国人在认识新事物的时候，习惯通过联系已知的外部世界的客观事物增加对新事物的理解，这就是中国人的形象思维。中国人的形象思维与中国人使用的语言——汉语密切相关。根据汉字的演变历史，可以得知，中国人现在使用的汉字中的大部分是由古代的象形字演变的形声字。中国人也称汉字为“方块字”，这是因为汉字本身方正立体，人们容易将其与外部世界的事物形象联系起来。至今有些汉字依然存有强烈的意象感，例如“水”字，不仅可以使人们由汉字本身联想到自然界的水，连水流动的形状都能想象出，一些文学作品中对“水”字的运用也蕴含着别样的意境。汉字中不乏这种充满意象的汉字，这些汉字背后蕴含的丰富意象让中国人由此产生无限的遐想，也由此形成中国人极具情理性、顿悟性以及直观性的形象思维。

形象思维与逻辑思维不同，形象思维侧重过去和现在，具有反馈性；逻辑思维则注重对未来的思考。一个国家历史越悠久，文化底蕴越深厚，这个国家的人民对过去的历史越有着别样的、深厚的感情，其思考方式、行为习惯、生活习惯等都会受到过去历史的影响。中国有着悠久的历史是众所周知的，中国人民创造出来的文化是灿烂的瑰宝。回看中国历史发展的长河，中国多次遭遇外敌入侵、掠夺，大好河山被破坏，这给中国人民带来了极大的伤害，所以中国人民对那段遭受苦难的日子是难以忘记的。每一个中国人对祖国母亲都有着深厚的感情，这种感情使得每一个中国人在看到祖国被侵略时都会挺身而出，抵御外敌，保家卫国。

西方人解决问题时擅长使用逻辑思维，逻辑思维是基于逻辑推理和语义联系形成的思维形式。这主要是因为西方语言归属于印欧语系，受到印欧语系语言特征的影响。西方语言就像是串起每颗珠子的线一样，连接着上一颗珠子，又串联着下一颗珠子，这使得西方人注重事物之间的联系。印欧语系民族对事物表面的逻辑关系有着强烈的感知，这缘于西方语言的符号形式和语法形式。

由于抽象的书写符号、语音形式与现实世界脱离，所以印欧语系的民族游走在现实世界之外，进行着更加纯粹的思考。作为独立个体的字母本身没有什么意义，通过将这些无实际意义的字母联系起来，组成具有不同意义的单词，进而再将不同意义的单词进行组合排列，形成短句、长句甚至是篇章。因此西方语言遵循的是“点—线—面”的原则，整体看上去给人一种平面感，这进一步加剧了西方人与现实世界的脱离，使西方人形成抽象思维。西方人对事物的本质和内在联系进行探索的方法就是借助的西方抽象逻辑思维，再加上概念、判断、推理等思维形式的运用。正是因为西方语言遵循“点—线—面”的原则，所以演绎法就成了西方人在进行逻辑思维时主要采用的逻辑思维方法。西方人的文章一般都是开门见山，直接叙述，没有铺垫与多余的话语，寻找主题句的时候通常关注每一段的第一句话即可，可以说第一句就是主题句，之后文章的内容都会围绕这一主题句展开论述或论证。

2. 中国螺旋式思维与西方直线型思维

中国汉字独特的立体感，导致人们会由此浮想联翩，因此汉字本身属于一种意象化语言。在使用汉字的过程中，往往会引发人们对当下或是未来的事物的想象。中国人在长期使用汉字的过程中，除了上述提到的形象思维，也会形成螺旋式的思维结构，也就是我们所说的螺旋式思维，这种思维形式具有间接性与立体感的特点。

首先，螺旋式思维在论述某一观点时，一般都是进行重复性深化与阐述，以达到论证观点的目的。这种重复性的深化与阐述，是为了将观点、概念或是问题说明清楚。值得一提的是，这种重复性不是毫无意义的重复，而是基于前面的论述内容，进一步论述更深层次的内容，因此呈现出螺旋式上升的趋势。中国人在思考或应用语言时，会存在重复使用词语的现象，这可能与中国螺旋式思维有着很大的关系。

其次，中国人的思维还具有迂回性或间接性的特点，最明显的表现就是中国人的表达方式通常是依靠某种语言手段来阐述观点。在文章写作方面，中国人也习惯将文章开头部分的文字用间接性的语言来进行描述，文章的每个段落的内容都不会直接地涉及主题，而是隐晦地表达主题。这种迂回性、间接性的思维方式也影响着中国人的社会交往。在与人交往的过程中，中国人的态度往往表现得隐忍与内敛。

西方人的语言是利用线形进行连接和排列的文字符号，所以西方人的思维结构是直线型的，具有强烈的直接性，这种特点的思维方式被称为直线型思维。这一思维形式已经融入西方人的日常交际和写作等方面，所以我们在阅读西方人的文章时会发现，其主题不用过多分析与思考，就可以直观地看出；在与人交往过程中，其表达的语言以及方式都有着直接、外露、开放的特点。从西方著名的哲学家——苏格拉底开始，西方人就非常注重雄辩术，喜欢就某一问题发表自我的观点，并且同他人就彼此的观点展开争论，势必要争个高低，非黑即白。西方人对雄辩术的注重与运用，使得历史上著名的演说家大多来自西方国家。可以说，西方人往往天生就喜欢争论。

（二）价值观方面

1. 中国人的集体主义观念与西方人的个人主义观念

集体主义价值观一直是中国人所提倡的一种观念。集体主义价值观是一种以国家、社会、集体的利益在前，个人利益在后的价值观念。可以这么理解，一旦个人利益与集体利益发生冲突时，通常会牺牲个人利益保护集体利益，或是与集体利益保持一致。这种观念与中国的“礼”的教化有关，包含着强烈的集体归属感，体现在生活中的方方面面，例如长幼尊卑、下级服从上级等。随着中国的发展，社会的进步，这种情况有所改变，不再一味地强调牺牲个人利益，企图寻找更合适的方法实现个人利益与集体利益的最大化。

与中国人所提倡的集体主义价值观不同，西方人提倡的是个人主义价值观。西方人天生对个性、自由有着极致追求，他们在乎个人意志，注重自我的实现。通常有人会反对个人主义价值观，认为其利益凌驾于任何利益之上。这种观点的错误在于其对个人主义价值观没有清楚的认知。西方人所提倡的个人主义价值观念是具有一定的范围的，在这个范围之内，个人利益是最高的，一旦超过范围，这种情况就会发生改变。所以说，个人主义价值观并不是一种不好的观念，也是积极、健康、向上的一种观念。必须承认的是，推崇个人主义价值观的人往往会促进自身的创新与进取，但一旦超越正常范围，则会对整个社会的和谐发展造成阻碍。

2. 中国人崇尚道德观念与西方人注重个人观念

从古至今，中国社会的传统思想中一直包含着人伦与道德观念。其中的人伦不是基于社会学的角度，也不是基于生物学的角度，而是基于道德角度来进行分析的。中国古代社会最突出的特点就是宗法性，所以中国古代社会是宗法性社会。以亲属关系形成社会结构，用亲属关系的原理与准则对社会进行调整，促进其发展进步的社会类型，就是宗法性社会。在这种特殊的宗法性社会中，一切社会关系都是以家族为基础，形成宗法关系以及其他的社会关系，并且按照宗法的亲属关系进行适时调节。所以中国古代社会也是“伦理本位”的社会。

在“伦理本位”的社会中，主导社会发展的原则不是国家律法而是依靠情义，人们的义务重于权利。西方国家主要依靠法律手段实现统治国家的目的，而在古代中国，对国家和社会的管理注重“情”字，所以中国人常说“法不外乎情”。

伦理对应的英语单词为“ethics”，该词可追溯到希腊时期，为希腊语“ethos”，其意思为“本质”“人格”“风俗”“习惯”。希腊伟大的哲学家亚里士多德于公元前4世纪，对人的道德品性展开了研究，并由此发展成一门学问——伦理学。通过研究，亚里士多德认为人的道德品性分为伦理德性和理智德性两种。伦理德性是根据风俗习惯而延续下来并形成的，而理智德性则是依靠后天的教育、指导与培养而形成的。所以伦理既有约定俗成的成分，也包含后天习得的成分。亚里士多德认为，符合德性的行为都具有正当性，也就是做出该行为的人具有品德。人的德性与行为都受到道德的牵制，人的生活是否完美通常与道德密切相关。所以，西方伦理学以风俗习惯形成的伦理道德为主进行研究，之后，随着研究队伍的逐渐壮大以及研究的深入，西方伦理学成为哲学的一个分支，也就是现在我们所说的道德哲学。该学问研究的主要内容是：对与错、善与恶的行为，如何定义好的生活，如何做个好人以及如何定义正确的行为和事情。

二、社会文化因素对翻译的影响

（一）思维观念方面

中国人的思维形式为具象思维，侧重于用具体的表达来描述具体的事物。西方人的思维方式为抽象思维，在描述具体事物或是表达观点时侧重使用抽象的方式。所以，两者在表达方式上也有所不同，中国人倾向于使用具体词语表达观点，西方人则倾向于使用具有总结性、模糊性的抽象名词进行表述。在实际翻译活动中，翻译英语中具有抽象性的名词时，不可采用直译的方法敷衍了事，应该进行具体化处理，结合文章思想以及上下文衔接的内容进行翻译。将其进行翻译后，应达到语言清晰流畅、读者便于理解的要求。

（二）价值观念方面

中国与西方国家在价值观念方面存在的巨大差异，在一定程度上，会影响翻译活动的进行。举个例子，英语国家用来表达“老”的单词“old”，在当前社会的存在感已经很低。因为越来越少的人在使用该词，所以该词正在逐渐退出“语言舞台”。在表达“老人”这一概念时，人们开始使用类似“the advanced in age”这种具有含蓄意思的词语来表示年长者。若是在翻译活动中，遇到在西方国家给老年人让座的相关内容，将其翻译为“courtesy seats”比“old man”更加符合当下语言的特点。

第三章　跨文化背景下的英汉词汇翻译

第一节　英汉词汇的差异

英语词和汉语词有着不同的构成，这也是它们差异如此之大的根本原因。英语字母也是如此，它不会影响单词本身的意义。英语中级词汇由词素（morpheme）构成，所谓“morpheme”，在英语中的意思是“意义最小的单位”，不能在句子中单独使用。

除了要了解英汉两种语言在构成上的区别以外，熟悉并掌握词汇的语法分类也是非常重要的。

英语词可以分为以下几种词类：代词（pronouns）、名词（noun）、形容词（adjective）、数词（numeral）、副词（adverbs）、动词（verb）、冠词（article）、连词（conjunction）、介词（preposition）和感叹词（interjection）。一般来说，前六类词可以是句子中的独立成分，是具有真正意义的词，如主语名、宾语、表达式等，动词可以是谓语，形容词常做定语。这些词被称为实词（notional words）；而介词、感叹词等，我们称之为虚词（form words）。但某个单词属于哪一类，要由它在句子中的成分决定。英语单词的另一个重要特点是它的词汇有不同的表现形式，如“ing”和“ed”，它的具体含义是不同的。它在句子中的成分不同时，意思也不同；它在不同的语言环境中，具体含义也有很大的不同。在英语词语当中，一词多义的现象十分普遍，一个简单的词可能就会有三四种截然不同的意义。所以在开始翻译英语单词之前，要了解每个单词的词性是什么，以及它在句子中充当什么成分，这样才能够找到最准确的释义，而不是胡乱拼凑意思。

第二节　词汇的翻译策略

“词语”是指最小的、最独立的语言单位，每一个词语都有它自己的意思，但是在句子当中，每个词语的意思又有可能和它原本单独的意思不同。词语也是文本翻译中的基本单位，在翻译的时候，对每个词语本意的理解，就是翻译的基础。对单词似懂非懂或疏忽，肯定是无法正确翻译出句子的。无论是英语还是汉语，在段落和文章的翻译过程中，第一个遇到的问题正是单词的理解和翻译问题。

由于中英文在词汇方面的差异较大，对原文词义的辨析和译语用词的表达就成了英汉、汉英翻译的基本问题。

除了对英汉语言的本身修养外，要理解一个词的意思是否正确，还包括对初学译者相关专业知识和文化知识的考验。在英译汉中，选择和确定词义通常会从以下几个方面着手。

一、词的语法分析

语法分析往往是初学翻译的人能够准确理解的关键所在。构词法、词性、涉指关系等，都是语法分析的方法，可以用来分析词在句子中充当的成分。

（一）根据词性判断词义

英语中一个词的词性不同，词义也会有所不同。要正确判断词性，一个词的意义由好几个因素决定，而词的词性对理解词语的意义起着决定作用。例如，“Workers can fish.”，此句中的“can”“fish”分别被看作是助动词和动词时，此句应被译为“工人们能够捕鱼”；当它们分别被看作是谓语动词和名词时，此句就变成了“工人们把鱼制成罐头食品”。

（二）从词的构词来分析

分析词的形态结构构成有助于理解词的意义，获得了词的基本意义，就能为语篇翻译提供必要的参考依据。并且值得注意的是，一个名词，它的单复数不一样，意思也有可能会随之发生变化。

（三）从句子成分来分析

一个词语在句中充当的成分不同，意义也不同，这就对翻译者的基本功提出很大的考验。特别是当某些词语从形式上看，既可用作这一成分，又可用作另一成分时。如果只是按照经验主义死记硬背，那么翻译的意思就可能出现偏差，所以必须根据上下文和全句的意思作出准确的判断，否则就会产生错误理解。

二、上下文和逻辑关系

一个英语单词，如果它是孤立的形态，那么它的意思可能就不是确定的。当句中的词处于某种关系中及其所处句中位置能与其他词构成指涉关系时，它的意义就会受到相邻词的限制，故而它就不是一个单独的词了，而是成为了一个具有固定意义的单词。上下文对于词义来说十分重要，这里的上下文包括许多内容，词语搭配、词语的文化背景知识都属于上下文，一般意义和专业意义、有关虚词的关联作用也是上下文的范围，还有上下文提示、逻辑关系等。因此，通过上下文和逻辑关系来判断词义是识别词义的一个重要方法。

三、词的搭配

词语搭配是指词语之间的横向组合关系。在英汉互译的过程当中，一些词语或者短句就有了固定的搭配，这是它们长期搭配使用的结果。有时这些搭配可以逐字翻译成另一种意思，有时则不能。造成英汉词语搭配差异的原因有三个：在各自的语言中，词语涵盖内容的大小；词的引申意义在各自的语言中各不相同；在各自的语言中，词语的搭配和分工是不同的。因此，在翻译时，我们应该注意英汉搭配的差异，选择用合适的语言来表达目的语。

首先，要注意定语和修饰语的搭配关系。词语之间的搭配也有其固定用法，翻译的时候没有注意到这一点，就很容易犯错误，会造成“别扭”的感觉。例如，动物叫声在英语和汉语中都有自己的表达方式。在汉语中，动词“叫”最常用于描述动物叫声，但在英语中，动物的拟声词非常丰富，各种动物叫声都有自己的表达方式，其所承载的单词也是完全不一样的。在翻译中，不加区分地使用搭配会出现错误。例如狗吠、蜜蜂嗡嗡叫、羊叫、小鸡叫、鸭子嘎嘎叫这些词语，它们在英语当中都是有与之对应的词的。

四、词的语用色彩

注意词语的语用色彩，也就是注意词语意义的范围、优先级、褒贬色彩、文体色彩和政治意义。为了忠于原文的思想内容，我们应该正确理解原作者的基本政治立场和观点，并选择适当的语言手段用目的语表达，这是因为任何语言都可以分出不同的风格，其中包括优雅、流行、粗鲁、俚语、官方语言和术语。

（一）词义的轻重缓急

表示“哭”的词语有很多，如“weep”是指“哭泣”，“tearful”是指“含泪的”，“sob”是指“呜咽”，“yammer”是指“哭诉”，“howling”是指“哭哭啼啼的”，“cry”是指“大哭”。

表示“笑”的词语也有很多，如“laugh”是指“大笑”，“chuckle”是指“轻声地笑”，“smile”是指“微笑”，“guffaw”是指“放声大笑、狂笑”，“giggle”是指“傻笑”，“jeer”是指“嘲笑”，“smirk”是指“得意地笑”，“grin”是指“露齿一笑”。

（二）词义的运用范围及其侧重点

翻译时应准确理解词的意义。比如，“country”表示国家的地理范畴，“nation”体现在共同的地域和政府下的全民概括，“land”给人以国土或家园之感，“state”指国家的政治实体，“power”表示国家的实力。又如，look，glance，stare，gaze，eye 和 peep 都表示“看”，但各个词的使用范围却有所不同。

再如，offender，criminal 和 culprit 都有“罪犯”的意义，但其侧重点却有所差异。“offender”指任何违反法律的人，不一定受法律的制裁，如 ajuvenile offender（少年犯），an old offender（惯犯）；“criminal”指严重犯法的人，理应受到法律的制裁，如 a war criminal（战犯），a habitual criminal（惯犯）；“culprit”指已被起诉的犯下罪行的人。

（三）词义的褒贬和语体等感情色彩

一个词语的具体意思应该看它出现在什么语境当中，在不同的语境当中出现，就会有不一样的意思。例如，“ambition”一词在英语的语境当中，它的含义既可以是褒义的，也可以是贬义的，这完全取决于它在句子中的立场，也就是说，在不同的句子、不同的语境当中，这个词所要表达的意思也是完全不一样的。

如果所指的事物是相同的，那么一组同义词中的每个词都可以在不同的文体中使用。有的适合一般文体，有的适合正式文体，有的适合非正式文体。因此，在翻译中应注意词语的文体特征。

第四章　跨文化背景下的英汉句式翻译

第一节　省略句翻译

有的人可能认为，语言的使用往往是越详细越好，但是事实上却恰恰相反，言语的简洁才能体现出语言的功力。人们在使用省略句的时候，往往是因为这个句子当中的多余部分太多，把那些多余部分删除之后，句子意义仍然是完整的。省略句有许多形式，并且在英语和汉语中都存在，省略的内容也有很多种，可能是主谓宾其中的一个，也有可能是某个多余的成分。无论是英译汉还是汉译英，省略句翻译的关键在于对省略句的准确理解。省略的内容是翻译的关键，有时候对省略内容的错误理解，可能就会偏离句子原本的意思，这样造成的理解偏差就会导致翻译上的错误。

一、原文中省略的部分译文中补出

英语句子中的习惯用法有很多，省略就是其中的一个。有时，英语语意中会出现一些不需要成分，那么这个时候，省略这些成分就是最好的办法，或者一些出现在前面的成分，为了避免不必要的重复，就不能再出现在后面。英语中的不同元素，如主、谓、宾、定、状、补，在一些情况下，翻译的时候并不一定要把它们显示出来，也就是说，可以在句子中省略，但在翻译成中文时，如果能准确理解省略的元素，就可以在译文中添加它们。

二、原文和译文省略部分应同步

并不是所有英文中被省略的部分，在翻译的时候都需要翻出来。例如，由 than 引导的比较从句，在这样的比较从句当中，省略了和主句中相同的部分，此时根据需要，可以省略原文中的省略部分，尤其是从句中被省略的部分常常不译。在汉译英时，情况就有些不同，有时根据英语的行文表达习惯，也可以根据语句表达通顺的原则，省略一些成分。

第二节　倒装句翻译

一般来说，英语陈述句的正常语序是主谓宾 + 状语。有时，为了强调句子中的某个特定元素，从修辞的角度来看，句子中的相关元素可以提前，形成倒装句。英语倒装句可分为结构倒装句和修辞倒装句。理解倒装句是翻译倒装的关键，而理解的关键就在于对句子进行正确的语法分析。确定句子的主干是分析的第一步，确定了第一步之后，接下来就要确定哪些成分被倒装了。一般来说，结构倒装句在汉语中的翻译可以采用正常的语序；翻译中的修辞倒装在一些情况下仍然使用正常的语序，这是因为翻译的需要。

一、结构性倒装的翻译

结构性倒装主要包括疑问倒装、there be 结构倒装、虚拟倒装和以

here，there，then，thus，now 和 neither 等位于句首的副词引起的倒装。这是由语法结构的需要引起的倒装，而结构性倒装的翻译一般采用正常语序。

二、修辞性倒装句的翻译

修辞倒装包括表示句首位置的介词或介词短语、否定倒装句、让步倒装句、仅由句首引起的倒装句，其目的是加强语气或避免头重脚轻。它是为了便于叙述或更生动地描述情况而引起的倒装句。这种类型的倒装可以根据需要翻译成正常语序或相反语序。

第三节　分词短语和分词独立结构翻译

一般来说，根据分句的成分将分句翻译成汉语并不困难。分词短语可以分为现在分词短语和过去分词短语。这里主要探讨分词短语作为状语的翻译情况。分词作为状语可以表示时间、原因、方式、结果、条件和伴随状态等逻辑关系。翻译的关键是准确地理解句子中分词短语和谓语动词之间的逻辑关系，然后在翻译中添加词语来表达相应的逻辑关系。

第四节　并列结构句翻译

汉语动词在表层形式上有许多并列结构，这是因为其没有形态学上的变化。而英语动词则相反，其有动词原型、动词不定式和分词。此外，汉英翻译中经常出现词性转换现象。例如，在翻译过程中，汉语的并列结构往往被转换成非并列结构，从而导致原汉语平衡美感的丧失。这是因为汉语动词可以转换成英语名词、介词等。有时，译者必须有意识地保持词汇形式的一致性和结构的平衡，只有这样才能在英语翻译中保持通顺且富有美感。在词性不一致的情况下，可以对英语翻译中的词性进行修改，甚至可以添加语义不明显的词语，以达到词性的一致性。

当然，有时汉语句型结构比较随意。在汉语词义上并列，但结构未处于并列关系时，译者应调整词序使之处于相应的结构中，以提高翻译的平衡性和可读性。

一、把汉语并列结构译成英语并列结构

【例 1】现在，我们发展社会主义市场经济，与马克思主义创始人当时所面对和研究的情况有很大不同。

At present,we are putting in place a socialist market economy.But the conditions we are faced with are quite different from those the founders of Marxism were faced with and studied.

At present,we are putting in place a socialist market economy.But the conditions we are faced with are quite different from those the founders of Marxism faced and studied.

通常认为第二种译法质量较好，该译文用主动的“face”既与“study”平衡并列，又避免了与前面的“are faced with”重复。

二、把汉语非并列结构改成英语并列结构

【例 2】鼓励、支持和规范社会力量办学、中外合作办学。

The government will encourage,support and standardize school management by nongovernmental sectors or by Chinese-foreign cooperation.

“社会力量”是具体名词，“中外合作”是抽象名词，如果译成“by non-governmental sectors or by Chinese-foreign cooperation”，未取得平衡，因为“sectors”是具体名词，“cooperation”是抽象名词。如果把“cooperation”换成“undertakings”，这一问题便可以解决。

第五节　被动句翻译

语态可分为主动语态和被动语态，是一种表示主谓关系的动词形式。尽管主动和被动是人类对客观世界认识的两种不同观点，但它们表达的却是同一事实。这两者并不是完全一样，而是有区别的：被动语态意味着主语是谓语动词动作的承受者，叙事强调的是动作后出现的状态；主动语态表明主语是谓语动词动作的执行者，叙事强调动作。

语言本身的特点以及一个民族的文化和思维方式的不同，是主动与被动表现形式出现差异的原因。中国传统哲学强调整体思维，强调物与人的关系、物与自我的统一。也就是说，人应该发挥主导作用，在人与万物和谐统一的关系中，体现中国思维方式的主体意识。中国人认为行为和动作由人来完成，正是这种主体意识使然。因此，在汉语的许多情况下，句子

都以主动句为主，无论是主动意义还是被动意义。西方哲学强调“人是万物的尺度”，强调物是“客体意识”，强调人是“主体意识”。在主动使用和被动使用两个方面，强调“人”，即强调动作的执行者时，使用主动句；当强调“物”，即强调动作对象时，使用被动句。

一、主动句译为英语的被动句

汉语句子中表达主动的时候，常常是因为客观环境造成了处境、感受和情感上的变化。而英语则是刚好相反的，其在表达被动的时候，往往是因为客观环境造成了处境、感受和情感上的变化。

二、话题评说句译为英语的被动句

汉语中有一些话题评说句，其话题在语义上是接受者，这类句子可以译为英语被动句。使用这样的译法是因为中西方口语上的不同，如果在汉译英的时候不改为被动句的话，翻译出来的句子就会显得别扭。汉语中还有一些存现句，也可以译为英语的被动句。

三、将一些意义被动句译为英语的被动句

【例 1】这酒口感不错，与价格相称。

This wine drinks well for its price.

【例 2】那——不行！前天董事会已经派定了用场。(茅盾《子夜》)

Nothing doing there,I'm afraid.All the money was allocated to various uses at the board meeting the day before yesterday.

四、将一些被动句直接译为英语的被动句

这类句子主要有两种：一种是带被动标志的，如“被”“为”“叫”“给”“由”“为……所”等的被动句；另一种是借助词汇手段的，如“受（到）”“遭（受）”“蒙”“挨”“得到”“加以”“给以”“予以”等构成的被动句。

五、将无主语句和泛指人称句译为英语的被动句

无主语句是汉语中经常使用的句子。这些句子通常省略主语或暗示主语。处理这些句子最常用的方法是把它们翻译成被动句。一般人的指称句的主语是“人家”“大家”“别人”“他们”等，这类句子的重要性低于客体，指称句的主语是不确定的。因此，这些句子往往被翻译成被动句。

六、将“是……的”结构译为英语的被动句

汉语中带有解释说明意味的句子，通常使用的是“是……的”结构，这样的句子可以用来说明一件事是怎样的，也可以用来说明这件事在什么时间、什么地点做的。而在翻译当中，对这种带有解释的语句进行英译时，常常将其译为被动句。

七、将“把”字句和“使”字句译为英语的被动句

汉语中有一些“把”字句和“使”字句，根据表达的需要，通常表达的意思是一件事促成了另一件事，存在着一定的因果关系，在翻译的时候，可以译为英语的被动句。

第五章　跨文化背景下的英汉语篇翻译

第一节　英汉语篇特点

一、英汉语篇共同点

英语和汉语虽然是完全不一样的两个语种，但是它们也有着相似的地方。自然语言的语篇，无论是英语还是汉语，都具有以下共同点。

（一）语义的连贯性

“完整语义”的语篇必须是一个语义单位，应语义连贯，合乎语法，具备逻辑结构或论题结构，句子之间有一定的逻辑关系。语篇中的句子和段落都是围绕结构展开的。一个语义连贯的语篇，具有语篇特征是基础，其所表达的是整体意义。语篇中的各个成分应是连贯的，不能偏题或跑题。

（二）衔接手段相同

衔接是语法和词汇手段的统称，其作用是将语句聚合在一起。这是一种可见于文本表面的语言现象，是形成文本的必要条件。在英语和汉语中，语义连贯依赖于各种衔接手段，即语篇组织。

（三）隐性连贯和显性连贯

衔接和连贯也可分为两种情况：隐性取决于语境因素和语用因素的连贯性，显性体现在词汇、语法、结构等语言表层形式上。连贯是衔接的内在意义，衔接是连贯的外在形式，二者是统一的和非统一的，即并非有衔接就是真正连贯的语篇，无衔接的也可能是真正连贯的语篇（隐性连贯）。总之，语义连贯是语篇的实质，种种有形的衔接是其组织形式。单有衔接而无连贯不是语篇，两者皆备是显性连贯，有连贯而无衔接是隐性连贯。这种情况英汉语概莫能外，但并非彼此对应，即英语的显性连贯译成汉语可能是隐性连贯，反之亦然。

语篇连贯是思维连贯的文本体现，思维连贯是语篇连贯的逻辑性，是人类理性的共同特征和功能，也是人与人之间进行交流和双重翻译的根本保证。任何缺乏逻辑或违背逻辑的语言符号都是毫无意义的，如果语言无法在人与人之间充当沟通的媒介，那么语言就是无用的。因此，可以说逻辑是文本形成的基础，也是理解文本的基础。自然语言丰富多彩，而所有的文本中都包含着思维逻辑。逻辑的普遍性是文本分析和理解的基础，也是英汉文本对比的基础。只有明确这一点，才能认识到语义相同的文本，其衔接和连贯只有在语言形式上有所不同。而内部逻辑的连贯，才是保证语义内容的忠实传递的基础。

（四）文体的多样性

自然语言的千差万别包括口头与书面、正式与非正式、不同语域和区域性的语体分别，它可以归为文体、体裁、语体和风格的不同。不同时代的文风差异，导致了诗歌、散文、小说、论述、应用等各具特色的体裁划分。因人而异的不同风格文体多样性在英汉语言中同样存在，它们的分类也大体相同，各种分类都能在译语中找到相对应的形式。

二、英汉语篇的基本差异

英汉文本的基本差异主要表现在两个方面：内部思维和外部衔接与连贯。但总的来说，思维水平的差异是语篇差异决定性的因素。

首先，英语和汉语分别呈现出直线型和螺旋型的特点，这基本上体现了中西方思维习惯的差异，所谓的直线型就是，首先表达中心思想，然后从中发展。

汉语螺旋式是典型的“起、承、转、合”样式，它首先就是亮出文章的观点，但是并不直接点出事物的本质，然后就展开反复的讨论，最后再回到主题，反复强调。它的基本特征是明显的重复，甚至可以说是一直说一个主题，只是从不同的方面和不同的角度。这种现象在简短语篇中也很常见。英汉语篇思维逻辑的差异导致了英汉语篇衔接和连贯的差异，这些反映在翻译中。

其次，在语言的设计和组织上，英语具有形态特征，汉语具有表意特征。形合与意合的区别在于语篇连贯的内部差异。英语形合必须包含反映词汇语法的主导衔接，即以语言形式将整个文本中的单词和短语结合起来。而汉语的意合则可以在没有词汇和语法衔接手段的情况下，自动形成连贯的文本，仅仅依靠词语和句子的内涵之间的逻辑关系，或各种语境和语用因素，就可以得到最终的意思。因此，在英汉翻译中，往往存在着隐性的、明显的差异。

最后，英汉文本的差异也体现在两种语言思维中，体现在客体意识和主体意识的差异上。汉语表达的主体主要是人。由于强调个体思维和理性分析，西方人坚持主客体的分离和区分。因此，从一方面来说，人是作为主体存在的，但是从另一方面来说，其陈述内容的态度又是十分客观的，以事物为主体，对事物进行客观、冷静的分析和描述。这些都导致了英汉语篇中主客观的差异。

第二节　语篇翻译的衔接与连贯

一、语篇翻译的衔接

（一）词汇的衔接

词汇衔接是指文本中出现的部分词语的语义连接、重复或替换。词汇衔接包括语义重复和各种指称关系，是用词语来达到语篇衔接目的的手段。英汉语篇中的词汇衔接手段不但总的衔接方式完全相同，包括语义的重复再现和各种指称关系，而且在整体上也是几乎都能对应翻译的。在这样的翻译方法之下，也会存在不一致之处，特别是在引用方面。

1. 语义重复

语义重复是指由近义词、同义词、下义词和泛化词组成的词汇链。它包括相同语义词的直接重复、不同语义关系词的共现以及因果关系和修饰等组合搭配词的共现。在翻译当中，这样的语意重复要视情况决定是否要都翻译出来。

2. 指称照应

指称照应是语篇衔接的重要手段。它是一种重要的文本协调工具，涵盖了人、物、事、时、地的方方面面。作为对现实世界的外部引用，以及对文本语言元素的内部引用，它既有反向引用，也有对语篇内部语言要素的内指。指称照应的目的应该是反映文本的上下文，并建立一个照应性的系统。人称指称和指示指称是最具实践和理论价值的语篇现象，它们被认为是英语翻译中指称照应差异性的主要体现。

人称照应在有些上下文中是至关重要的，尤其是英译汉时，如果对其理解不正确，译文就会出现错误。

（二）英汉语言语法的衔接

根据句子结构的不同，使用语法手段来实现语篇的衔接和连贯，就是语法衔接。这些手段既可以是单词的特定语法形式、具有语法功能的单词，也可以是没有特定单词的纯结构形式。

1. 语法连接的差异

汉语的语法连接接近于隐性连贯，而英语的语法连接具有明显的显性连贯特征。英语的显性连贯借助形态变化和形式词，明显地标明词之间、词语之间、短语之间或小句之间等的语法关系的形态变化，包括起构词作用的构词形态和表示语法意义的构形形态。英语有形态变化，而汉语中却没有严格意义上的形态变化。英语中的形式词用来表示词语间、句子中小句间和语段中句子间起连接作用的词。英语中作为连接手段和形式的词不但数量大、种类多，而且使用频繁，主要的连接手段和形式有介词、冠词、关系词（包括关系代词和关系副词）、连接词（包括并列连接词和从属连接词）和其他连接手段，如“it”和“there”。汉语造句更注重隐性连贯，以意统形，少用甚至不用形式手段，靠词语与句子本身意义上的连贯与逻辑顺序而实现连接。

英语和汉语都使用语法手段来连接，但它们的具体方法又是不同的。例如，在翻译中，由于英汉文本在语法衔接手段上存在差异，英语的时体形态在进行翻译时，在汉语中要变成对应的词。在英汉翻译过程中，有必要对语法衔接手段进行适当的转换。英语（或汉语）使用某种语法连接，而汉语（或英语）的翻译由词汇手段、逻辑手段或隐含的连贯性实现衔接。

2. 英汉语篇语法衔接的转换

从替代关系分析。替代是用一个词代替前文某些词，但它只是等价或相似的关系，而不是一致的参照关系。代词主要包括名词代词、动词代词和从句代词。代词存在于英汉两种语言中，并且常常相互对应。然而，如果没有对应关系就很难翻译，这时就需要借助其他的衔接手段。

从省略关系进行分析，在语篇分析中，省略分为三类：名词省略、动词省略和从句省略。这三种省略句中的大多数都是语法结构所必需的，因为在一些语句用法当中，省略才能使句子的意思更加通顺合理。语法省略是英汉语篇衔接的一种常见形式。英汉语法省略解决了目标语中单词重复或替换的问题。但名词省略在英语和汉语中通常是一致的。

汉英翻译中最需注意的省略问题是汉语的零位主语问题。汉语零位主语是汉语中的一种常见现象，与英语省略句不完全相同。这是因为汉语主语突出性不强，成组的句子围绕主语旋转。因此，汉语的主语不必一直出现，但读者是能够明白的。此时，在完成中英文翻译的时候，就需要补全不足。

（三）逻辑连接

逻辑连接是保证文本通顺的必要条件之一，也是文本深层之间最普遍的连接。逻辑连接也有显性和隐性的区分，显性逻辑连接是指使用 and，but，then，for 等词语进行连接的内容。隐性逻辑连接是在不使用连接词、不引用上下文等的情况下实现的连接。与英汉语言相比，逻辑关系总体上是英汉相通的，即时空关系、因果关系、转折关系和表示相类同的推延等基本逻辑关系是一致的。但有时英汉语的逻辑关系也会有所不同，比如英语的时空关系，用中文翻译时往往会变成因果关系，反之亦然。总的来说，由于英汉连接语的差异和逻辑显隐差异，译者应选择正确的标识连接语和逻辑的隐性或显性，使翻译符合中国人的表达习惯。

二、语篇翻译的连贯

在翻译中，孤立地看待某些字词的翻译似乎不那么麻烦，但如果是对整篇文章或整个段落的翻译，就好像断线残珠，四分五裂，没有将其穿成完整的逻辑线索或脉络。这其中最主要的原因就是，译者忽视了原文中或明或隐的连贯性，在翻译的过程中又没有采取相应的连接和连贯手段，使译文无法成为有机整体，读起来断断续续。由此可见，在翻译的过程当中，连贯性扮演着非常重要的角色。连贯存在于语篇的底层，是语篇中语义的关联。通过逻辑推理来达到语义连接，是将词语、小句、句群在概念和逻辑上合理、恰当地连为一体的语篇特征。连贯的语篇有一个内在的逻辑结构，这个逻辑结构可以从头到尾将所有概念有机地连接在一起，以达到时空顺序明晰、逻辑层次分明的效果。

事实上，连贯总是与衔接紧密相连的，衔接是语篇最重要的特征之一。然而，这两个术语之间也不是一模一样的。连贯是通过词汇和语法实现的，可以通过信息有序排列实现。为了实现语篇连贯，通常使用两种方法：“明显”和“隐含”。前者是使用词汇手段，如连接词，形成连贯标记；后者是指信息的合理排列，是一种无标志的连贯。在每一次的翻译当中，是没有办法翻译出一模一样的内容的，文本的内容完全取决于译者是否理解原文的内容和结构，以及译者的译语语篇构建能力。在语篇连贯方面，译者首先要充分把握原文，认识原文的逻辑层次和语境。换句话说，我们应该清楚地知道翻译连贯的前提，那就是对原文的连贯结构有一个清晰的分析和理解。其次，在全面理解原文连贯结构的基础上，译者应该有自己的想法，也就是说，在保证翻译逻辑和框架不变的情况下，用自己的文风写出翻译内容。

总之，翻译过程不仅是语言符号转换的过程，也是逻辑关系转换和连贯结构重整的过程。从本质上讲，这一过程涉及思维的转变过程，即译者的思维从连贯的原文结构转变为连贯的译文结构。转换过程中存在两种语言、两种文化观点的对比甚至冲突，这就需要译者进行思维的适应和转换，并把这种调整在译语中体现出来。

第六章　跨文化背景下英语翻译的常用方法

第一节　增词法与减词法

一、增词法

增词法是指在保持原文中心思想不变的情况下，通过增加词、词组、短语、分句或长句的方式，达到以下三个目的：首先是让读者更加明白文字的意思，其次是翻译后的内容在语义、语法、语言等形式上符合译文习惯，最后是词语连贯方面以及翻译后的文化背景均与原文相同，没有发生变化。以下两种情况，可以采取增词法：

①为满足语法方面的需求而采用增词法。

②为达到清楚表达意义的目的而采用增词法。

二、减词法

理解了增词法之后，减词法就更加容易理解了。减词法与增词法相反，是指减掉原文中不影响译文的词语。通常以下两种情况适合采用减词法：

①为满足语法方面的需求而采用减词法。

②为满足修辞方面的需求而采用减词法。

第二节　直译法与意译法

从很久以前，人们就直译与意译的问题开始了争论。通常在一些情形下，直译和意译均不构成翻译问题。举个例子，将“I 1ike this movie”翻译为“我喜欢这个电影”，因为直译和意译相当于一回事，所以这一英译汉活动就不存在直译和意译之争。

但需要考虑到的是，英语和汉语之间存在的巨大差异性。所以译者在开展翻译工作时，经常会遇见一种情况，就是一个句子既符合直译方法的要求也符合意译方法的要求。翻译界的学者们遇见这种情况越来越多，就势必要争个高低。直译法与意译法哪个更合适呢？其实，方法的选择通常与译者有很大的关系，主要取决于译者是如何看待直译和意译的。有的译者认为一个字一个字地进行翻译就是直译，而大部分译者则认为所谓直译并不一定要一个字一个字地进行翻译。在进行翻译活动时，一般将按照原文语言结构进行翻译的称为直译，不按照原文语言结构而是根据语言意思进行翻译的则为意译。在翻译中，按字翻译、直译、意译和按意思翻译这四种翻译方法之间的界限较为模糊，并没有一个明确的定义，但人们利用直译和意译这两个概念的内涵来探讨翻译还是可以对翻译起到很大的帮助作用的。选择直译法进行翻译的译文，有个非常明显的缺点，那就是读者在阅读译文时会感觉到吃力。这就导致大部分译者在进行翻译活动时很少把直译法当作首要的翻译方法，偶尔会在一些比较特殊的文本中适当使用直译法。即使大多数译者都很少选择直译法，但依然不排除有译者在进行翻译活动时，热衷于使用直译法，并抬高直译法的地位。比如，翻译理论学家纽马克就非常认可直译法。该学者在印欧语系之间积累了大量翻译经验，但这些大量的经验有时也无用武之地，因为有的翻译经验并不适合使用。总而言之，虽然被大众所接受的译文都较少采用直译法，但依然不能质疑直译法的翻译作用与效果。在翻译方法中，直译法依然占有一席之地。

实际上，在进行英汉翻译活动时，很少采用直译法，所以意译法是经常被采用的翻译方法。虽然经常被采用，但不可否认，意译法也有缺陷。比如采用意译法容易造成过度翻译，也就是原文传递的观念和思想发生了变化，原本原文中未呈现的观念和思想，通过意译法呈现在了译作中；或是原文中的思想价值经过意译法翻译之后，在译作中发生了变化。以上情况都会让意译法失去翻译的意义。一般来说，意译法的存在，主要依靠原文的意义，不是通过语言形式表达而证明的。一旦原文的意义有一部分是通过语言形式来表达的，那么采用意译法的时候，就会把那些通过语言形式来表达的意义抹去。从理论上来说，上述所说内容是正确的，但若是将其用于指导实践，则存在行不通的情况。举个例子，一些文学作品中的意义是依靠语言形式本身进行传达的，因此针对这种情况，应该采用直译法来表达文学作品中蕴含的深刻意义。在印欧语言之间的翻译活动中，若是按照将原文搬过来的译法也许不会存在太大问题。但是基于英语和汉语之间巨大的差异性，在进行英汉翻译活动时，汉语无法接受这类的表达形式。所以，中国的学者在翻译外国文学作品时，主张采用意译法。有的学者在翻译诗歌类型的文学作品时，很少遵循原文与译文字面对应的原则，只注重译文的可读性，甚至有的时候完全采用意译法来表达原文的深刻含义。而西方理论家将文学作品划归到表情类，采用直译法进行翻译，这一主张与我国学者的主张略有不同。总而言之，无论哪个国家的文学作品，在进行翻译活动的时候，不可一味地选择直译法或是意译法，固执地“一招走遍天下”，要根据文本来选择适合的翻译方法。

在英汉翻译活动中，有的句子就只适合采用直译法，有些则只适合采用意译法，这种情况很常见。而且在翻译领域中，译者对这此情况都表示接受和认同，不存在较大争议，所以直译法和意译法可以交替使用，借助对方的优势弥补自己本身的不足。除上述情况外，译者也经常遇见直译法和意译法都可以使用的情况。

此时译者面临的一个问题就是在翻译活动中到底选择直译法还是意译法。这两种翻译方法翻译出来的内容虽然还有进一步探讨的余地，但对于中文读者来说，这两种翻译内容都可以接受。那么，若是今后再遇见这种情况，应该按照哪种方法进行翻译呢？针对这个问题，必须从更大的范围入手进行解决，只是单纯地探讨直译法和意译法并没有多大的作用。通常一句话、一篇文章、一本书的翻译，至少需要考虑到三个因素，才能决定采用哪种翻译方法。因素涉及文本自身、读者、翻译目的等，不需要遵行一定的定理。但必须明确的一点是，目前的翻译活动应该在保持译入语的特色和表达习惯的基础上完成译文。在当前全球化的文化背景下，在英汉翻译活动的进行中，译者要注意发挥出中文的优势，这是译者努力的方向。所以，一旦采用的直译法与我国汉语行文习惯、表达习惯相悖，形成了严重的翻译腔，就应该果断地采用意译法。可以这么说，意译法可以满足大部分英汉翻译活动，值得提倡。而经济类文本、科学类文本、新闻类文本、政论文本等，还是应该遵循原文，把握好分寸，以不过度偏离原文的译法为主。

第三节　词类转换法

词类转换法是指在进行翻译活动时，在不改变原文内容的基础之上，通过改变文中词汇的词类，达到整篇文章通顺、流畅、自然且符合译入语表达习惯的目的。常见的词类转换方式有三种，分别为转译成动词、转译成名词、转译成形容词。

一、转译成动词

（一）名词转译成动词

例：The sight of the boy reminds me of his passed father.

看到那个男孩，使我想起了他已故的父亲。

该例中的名词“sight”被译为动词“看到”。

（二）形容词转译成动词

例：To my great surprise, I became aware of a surfer off the shore, patiently padding his board while he is waiting for a perfect wave.

令我吃惊的是，我看见一个冲浪者离岸很远，耐心地踏着滑板，等待一个最理想的浪头。

该例中的形容词“aware”被译为“看见”

（三）副词转译成动词

例：Families upstairs have to carry pails to the hydrant downstairs for water.

住在楼上的人家得提着水桶去楼下的水龙头打水。

该例中的“upstairs”和“downstairs”被分别译为“住在楼上”和“去楼下”。

（四）介词转译成动词

例：This is the key to the window.Open the window to escape in case of fire.

这是打开窗户上锁的钥匙。如果遇到火灾，就打开窗户逃走。

原文中的介词“to”和 in case of 被巧妙地翻译成汉语的动词“打开”和“遇到”。

二、转译成名词

在进行翻译活动时，当原文中的词类符合以下几种情况的时候，可以将其转译成名词。

（1）目前英语中的很多动词都是通过一些名词派生出来的，而且有些名词本身也会被当作动词使用。一旦在翻译活动中遇到无法在汉语中找到符合的动词的情况时，那么就可以将其转移成汉语名词。

（2）出现在英语被动句中的动词，通常会被翻译为“受（遭）到……+名词”“予+名词”的形式。

（3）在英语特定的上下文中，会出现一些形容词，通常这类形容词可以被直接翻译为名词。除此之外，一些形容词加定冠词可以用来表示某个种类，针对这种情况，在翻译活动中，也可将其翻译成汉语中的名词。

三、转译成形容词

在翻译活动中，将其转译成形容词的情况，主要是针对由英语中的形容词派生出来的名词。

第四节　省略部分译法

英汉语言中都存有一种现象，即省略现象。一般情况下，在英语语言中，通常会省略名词、动词、表语、主谓一致时的主语或谓语等，也就是按照语法形式进行省略。而在汉语语言中，通常会省略主语、谓语、动词、关联词、中心语和领属词等，也就是按照上下文的意思以及意义进行省略。

比较英汉语言中存在的省略现象，发现汉语语言中的省略现象高于英语语言，因此相对来说，省略现象在汉语语言中是一种常见的现象。只不过汉语语言中的省略现象具有一定的标准，且标准较高较复杂，人们难以达到其标准。若是严格来说，其实汉语语言中出现的省略现象与真正的省略现象并不能画等号，一旦文中“省略”的内容被填补上，文章的句子反而会显得生硬，甚至可能影响文章的意思，但值得注意的是，在进行汉译英活动时，这些“省略”的部分是需要补上的。英语语言比较注重“形合”，汉语语言则比较注重“意合”，所以通过语言对比会发现，在进行英译汉活动时，原本英语原文中省略的内容在汉语译文中是不可以省略的。

第五节　功能对等与形式对应法

在早些时候，就有人提出了功能对等这一概念，学者们对其进行了完善，从此这一概念在翻译理论研究中占据着重要的位置。所谓的功能对等针对的是译文在语言功能上同原文处于对应与平等的状态，与原文的语言形式是否对应毫无关系。有些学者翻译的译作读起来，似乎与原作并没有太大的差别，但因为两者不属于同一语言系统，所以即使在语言形式上与原作相对应，也很难达到一定的成效。比如“He is the last person l will ask for help.”可以译成“他是我会要求帮助的最后一个人”，如此翻译，可以看到译文和原文在语言形式上做到了相对应。但是对原文进行仔细剖析会发现，该句的意思为“我是不会求他的”。若是翻译为该意思，可以发现，其在语言形式上，与原文的语言形式完全不对应，但从语言功能上来说，却做到了对等。

在翻译工作中，要想实现功能对等，其基础与读者的心理反应密切相关。可以这么说，原文读者在读完原文之后的感受与译文读者在读完译文之后的感受是一样的，那么功能对等则视为实现。功能对等的理论有许多优势，其中最突出的就是便于信息交流。用基于功能对等理论的功能对等法进行翻译活动，翻译出来的句子简单明了，不存在翻译腔，且符合译入语的表达习惯和行文习惯。但在翻译领域，也有学者不支持功能对等，他们普遍认为功能对等的方法过于灵活，在进行翻译活动时，容易漏掉原文中的重要信息或是使译文表达的深刻意义与原文不同。

从概念这一层面来说，功能对等和意译、形式对应以及直译的概念不同，但也正是因为它们概念的不同，学者们才能从不同的概念中引出对跨语言交流的探索，以期总结出符合大多数翻译活动的经验与方法。

第六节　源语与译入语法

有学者认为，译文最重要的是要与原文相接近。文化由语言来体现，原文中的语言特色就算未体现出作者的风格，在进行翻译活动时，也要使语言特色在译文中体现出来。这其中最主要的原因是原文的语言特色背后蕴含着原文所在文化的特色。为了保持该文化特色，在翻译的时候，译者有必要使其在译文中体现出来。除此之外，他们认为译者在进行翻译活动的时候，过多考虑读者，其实并不是真正为读者着想，译者要相信译文读者的阅读能力以及解读能力，认为译文读者对原文的语言形式可以做到理解与欣赏，因此保留原文的文化特色，有利于读者接近源语，从而使读者对外国文学作品的欣赏也会更进一步，这也是利用语言进行文化交流的重要内容。

上述说法在某种程度上，赋予了译者过多的责任。语言形式不应该成为文化介绍的工具。针对一些特殊情况或是为了达到某个特殊目的，例如进行学术研究，需要用接近源语的翻译方法把原文蕴含的意义以及文化特点体现出来。多数情况下，译者进行翻译活动的主要任务是完成信息的传达。对源语文化的大力宣扬与介绍是允许的，但其代价却是牺牲译入语的表达习惯和行文习惯。因为翻译方法选择靠近源语的形式，在翻译活动进行中就会出现许多与译入语表达习惯和行文习惯相悖的句子。读者要是想通过语言进一步了解外国文化、学习外语，阅读原文是不错的方法，所以翻译的基本方法还是要侧重于译入语，依靠译入语的优势，翻译出最完美的作品。

第七章　跨文化背景下的英汉文化翻译

第一节　跨文化背景下的英汉翻译文化空缺

一、汉语文化在英语翻译过程中文化空缺现象

（一）翻译活动中研究文化空缺现象的必要性

翻译是将一种语言信息转换成另一种语言信息的过程。在这个过程当中，通过交流我们可以达到交际的目的。在交流的过程当中，语言是文化的载体。在翻译过程中，了解与两种语言相关的文化背景知识，就像是弹琴时候的指法一样，是很基础又非常重要的。而解决翻译过程中文化差异带来的问题是准确转换语言的关键，这是因为在翻译过程中，最大的困难是两种文化的差异。汉语和英语是中西文化的代表和反映，也是世界文化的典型代表。

中西方文化在现如今存在很大的差异，这是由于它们地理环境、文化背景及饮食习惯等因素的不同而导致的。在翻译过程中，译者会遇到无法直接用英语词汇表达汉语所要表达的意思的问题。这种文化内涵下的表达不对等会导致很多问题，也让不同文化背景下的人交流困难，从而造成不

同语言之间的文化空缺现象。在出现这种文化差异的情况下，译者要向目的语读者传达原文的文化信息，应运用适当的翻译策略，准确捕捉源语和目的语之间的文化特征，并明确向目的语读者传达文中的思想、情感、观点和其他信息，使目标语言的读者能够理解源语言中真实的文化特征。

（二）文化空缺现象的特点

1. 陌生性

不同语言的表达习惯、词语搭配、修辞特点等均能引发不同的感悟和联想。

例如：

她的脸上瘦削不堪，黄中带黑，而且消尽了先前悲哀的神色，仿佛是木刻似的；只有那眼珠间或一轮，还可以表示她是一个活物。

该例选自鲁迅的《祝福》一文，其中某些部分使用了比喻修辞，通过喻体对本体进行说明，我们中国人看起来只觉得刻画得入木三分、栩栩如生，但让外国人看，会让他们有新奇、陌生之感。

2. 不习惯性

“异域性”是指两种语言在词汇和语法系统上存在明显差异，在区分事物和触发联想方面也存在差异，因此也被称为“异国情调”。这种品质首先体现在对事物的感知和表达、合成和分割上。

例如，英语中的“uncle”既可以表示汉语中的“叔叔”，也可以表示“伯伯”“舅舅”等，这会使中国人感觉到等级不够分明，划分过于草率。同样，英语国家的人对汉族称谓划分得如此清晰也感到不解。

3. 误读性

当不同的文化接触并摩擦在一起时，他们往往会产生误解。一种语言中的一种非常普遍的现象，由使用另一种语言的人以自己的思维方式来解释，也就是说，如果他们使用自己的文化认知和文化分割来理解不同民族的文化，就可能会出现“误解”或“不确定性”。

4. 不理解性

文化空缺还有一个显著的特征，那就是不理解性。例如，语言曲折变化是俄语的一个典型特征。在俄语中，名词的数量、性别和大小写、动词的体、时间和状态，以及语法意义上的介词，都有着深刻的意义，这是其他民族难以理解的。对于时间的规定，俄语认为周二是阳性，周三是阴性，周日是中性的。这些特殊现象很难被其他国家的人理解，这也是翻译过程中的主要障碍。

（三）文化空缺现象产生的原因

1. 社会习俗引起的文化空缺现象

一个地区独特的文化习俗是社会习俗。社会习俗是一种特殊的交际语言，是人们在日常生活中的社会共识、认知和行为。中国和西方国家的社会习俗有着巨大的差异，因此由社会习俗造成的英汉语言隔阂不胜枚举。

例如，社会习俗都是中华民族的文化遗产，在英语中找不到完全对应的词。比如，中国春节吃团圆饭、元宵节猜灯谜、清明节扫墓、重阳节登高等，均是中国传统的社会习俗。另外，坐月子是中华民族特有的习俗，在国外根本没有这个规矩。国外女性生产完就能喝冰水，而中国女性则是一个月内不能见风不能碰凉水，这个习俗在中国从出现到今天已经有两千多年的历史了。

2. 不同的历史背景带来的文化空缺现象

中华民族有着悠久的历史，不同时期的历史人物与事件也会体现在语言词汇的表达上，从中就能看出浓厚的民族色彩和鲜明的文化个性。例如：

桃园结义、梁上君子、完璧归赵、卧薪尝胆、竹林七贤、焚书坑儒、投鞭断流、纸上谈兵、草木皆兵。

这些词均是中华民族文化在不同历史时期的具体表现，是英语语言文化中所没有的。

3. 生活环境差异造成的文化空缺现象

众所周知，中国是一个农业大国，在整个中国的国土上，农业一直是主旋律。从最初的封建主义社会到资本主义社会和社会主义社会，中国始终坚持以农业为基础，以农业生产和农业水文改良为重点，因此汉语中出现了许多与农业有关的表达方式。例如：背本趋末、精耕细作、小试牛刀、岁比不登、岁稔年丰、拽耙扶犁。相反，英国是一个濒临海洋的国家，所以其语言中与海洋相关的表达非常多。

4. 中西方价值观差异带来的文化空缺现象

自古以来，中国人就强调集体主义，认为个人利益必须服从集体利益，坚定地坚持“团结就是力量”的口号。这种想法对西方民族来说似乎难以理解。西方人强调个性，强调个性在集体中的作用，如在欧美电影中经常可以看到主人公以个人力量拯救世界，塑造了一个个英雄形象。

二、汉语文化在英语翻译过程中空缺的对策

（一）汉译英中文化空缺的表现

纵观我国的英译汉历史，在相当长的一段时间里，我们舍本逐末，好像把英文翻译得像外国人写的才算是厉害，一直都在“保留洋气”，即英译汉的译文倾向于西方的模式，按照西方的文化传统来翻译。

对于汉语翻译，由于英语文化一直处于主导地位，从汉语翻译中也能处处看到英语的痕迹。例如，林语堂在翻译中国民族文化时，不是按照中

国人的阅读习惯来翻译的，而是从西方文化的角度进行翻译，来满足西方民族的文化心理。翻译成语言学的作品中发生了过度的归化现象，造成了中国本土文化的空白。例如：

亩译为：acre

尺译为：foot

天译为：the gods

寸译为：inch

十金译为：ten dollars

里译为：mile

显然，这样的翻译过于倾向西方的文化。尽管林语堂也解释了中欧文化的发展和中欧文化的对立性，但从其翻译中可以发现“欧洲化”的趋势。当然，许多翻译人员在翻译时使用的方法与林语堂相同。

总的来说，在文化转变方面存在很多问题。在英译汉和汉译英当中，不管文化交流的形式如何，它们本身是不平等的。其他弱势文化容易被强势文化轻视，这是因为强势的文化较为自信，其很难接受这些弱势文化，特别是弱势文化中一些与强势文化价值观相悖的地方。而处于弱势文化的一方常常受文化差异的影响，为了顺应文化霸权的思想，在翻译时也存在文化错位的情况。

我们应该重新审视汉英翻译中的文化翻译问题，从历史的角度上来进行思考或许更有成效。译者应在理解西方文化的基础上，把吸收欧美文化作为英汉翻译的追求；同时，在汉英翻译中，我们应该尽可能地保留中国本土文化的气息，以中国文化为指导，让西方国家更好地理解中国文化。在翻译过程中，译者不能仅仅为了避免文化冲突而“取悦”西方读者，而是应该将中国文化传达到西方国家，逐步让世界接受中国文化。

（二）汉译英过程中处理文化空缺的方法

1. 转换法

有时，为了在这些差距较大的不同文化中实现接受者的认同，缩小源语与目的语之间的差异，需要对译文进行一定的调整。此时，译者可以运用转换法进行翻译，即对源语的信息进行改写，使其与目的语的文化背景或者句式习惯相契合，让不同文化之间的人都能够读懂。例如：

精神文明译为：cultural and ethical progress

挥金如土译为：to spend money like water

一刀切译为：to impose uniformity in all cases

勇猛如狮译为：as brave as a lion

名人，名流译为：great lion

非常勇敢的译为：lion-hearted

勇敢地战斗译为：fight like a lion

虎胆英雄译为：hero as brave as a lion

2. 音译法

音译法在国际文化交流的过程中，是一种常见的方法。在过去的二十多年中，一些中国文化中的概念，随着中西文化交流的日益频繁而被西方受众认知与接受，中西交流逐渐朝着深度和广度的方向发展。英语中的音译词汇也在不断增加，一些中国词汇最终以拼音的形式，变成了英语中的外来词。例如：

四合院译为：Siheyuan

枸杞译为：goji

饺子译为：Jiaozi

普通话译为：Putonghua

风水译为：fengshui

馄饨译为：wonton

阴阳译为：yinyang

康乃馨译为：carnation

总而言之，翻译过程中的文化空缺现象的研究极为重要。

3. 加注法

加注法和上面的几种方法又不一样了，需要译者加入自己的理解，也就是除了原词句的翻译，还要有引申意义，让读者能准确地理解语言的特殊文化。例如：

八股文译为：eight-part essay（a literary composition prescribed for the imperial civil service examinations,known for its rigidity of form and poverty of ideas）

元宵节译为：the Lantern Festival（ the 15th of the first lunar month）

满月酒译为：One-Month-Old Birthday Feast（a special ceremony held after a baby has been one month old）

文房四宝译为：the four treasures of the study（writing brush，ink stick，ink stone and paper）

牛郎织女译为：the Cowherd and the Girl Weaver-two figures in an ancient Chinese fairy tale（Later it also refers to husband and wife who live far apart）

铁饭碗译为：Iron-rice bowl（by which everyone gets the usual pay and benefits irrespective of his performance）

希望工程译为：Hope Project（a program to collect money from all sectors of society to support education in poor areas）

4. 套译法

套译法也称“套用”“借用”或“借译”。汉语和英语中有的习语、短语在内容、形式上均相符，双方不但有相同的意思和修辞色彩，而且有相同或基本相同的形象和比喻，此时可以使用套译法。例如：

隔墙有耳译为：walls have ears

破釜沉舟译为：to burn one's boats

空中楼阁译为：castle in the air

随波逐流译为：to go with the tide

知识就是力量。译为：Knowledge is power.

充耳不闻译为：turn deaf ear to

第二节　节日与服饰文化及其翻译

一、节日文化及其翻译

（一）节日文化解析

周期性和群众性是节日具有的明显特征，同时在节日期间还会有与之对应的稳定活动，这是一种文化积淀。因此了解一个民族的节日文化对了解这个民族的文化有极大的帮助。

1. 节日的内涵

节日是一种为适应生产生活需要而产生的特定民族文化，节日具有以下内涵：

第一，节日在丰富人们生活的同时也体现了人们生活的细节，其不仅具有特殊的文化意义，还扩展了民族外在的政治经济和文化含义。

第二，节日经过长期的历史沉淀，已经成了构成民族文化的重要部分。

第三，传统节日因其丰富的文化内涵以及民族的精神内核已经成了重要的民族文化遗产。

民族文化包含了节日。节日是一种社会性、民族性和地域性结合的产物。风土、民俗、传统习惯等方面的差异也反应在传统节日内容与形式的差异上，这里包含了民族的文化背景、风土人情、文明崇拜等各个方面。虽然有差异，但是因为一些人类共性的情感，如母爱、团圆等，所以有些节日的内涵是相同的，如西方与中国象征母爱的母亲节、象征团圆的西方感恩节和中国中秋节等。

2. 中国传统节日

中国的历史文化源远流长，作为文明古国，我国的节日自古代便开始发展，常见的传统节日有春节、元宵节、清明节、端午节、中秋节等，这些都是以农历记的节日，同时除了节日外，中国的二十四节气也有特殊的含义与庆祝方法。

（二）节日的价值取向

中国文化中的集体主义的价值取向是由几千年的农耕文明和宗法制度决定的。节日受到集体主义的深远影响，集体中每个人都被视为群体中的成员，群体与个体形成了和谐统一。

西方文化的价值取向与中国文化相反，西方推崇以个人为中心的文化，将个性、尊严与利益看得最为重要，同时也对探索个人的价值、自由以及人与自然的关系等方面更加热衷，因此西方的节日深受个人主义的影响。

1. 集体意识与个性追求

（1）集体意识在中国节日的体现

中国的文化看重大局，以尊重人为先，强调宗法集体。因此，在中国传统节日中，家族成员之间的团圆更重要，合家共享天伦之乐。在中国节日中，强调团圆、亲情、平安等主题，大年夜、元宵节以及中秋节等都是中国人团聚的重要时间。包括“春运”在内的现象，都是重视团圆的体现。

（2）个性张扬在西方节日的体现

西方国家更加强调个人的享乐主义，虽然有强调团圆的感恩节，但无论圣诞节还是万圣节等都强调张扬个性，而这种“张扬”也更容易在世界范围内传播推广，具有很强的跨文化移植能力。

2. 饮食文化与精神文化

中国的节日离不开饮食，特色食物在不同节日之间有明显的差异，如春节的饺子、端午的粽子、中秋的月饼已经是中国节日中耳熟能详的特色食物了。中国的节日也离不开精神的内核，在春节家家迎新、拜年、贴春联等，都是精神层面的体现。到了中秋则是所有家人团团圆圆在一起，强调了团圆的精神内核。

（三）节日名称的翻译

中国节日文化源远流长，而且风格独特，因此译者在翻译中国节日时不能太过随意，也不能采用千篇一律的方法，应根据具体情况灵活进行处理。具体而言，中国节日文化的翻译可采用以下几种方法。

1. 音译法

将词语转换成另一种语言里对应的字母就是音译法的体现，要从含义等主要功能方面进行考虑。如一些常见的中国节日：

中元节译为：the Zhong Yuan Festival

清明节译为：the Qing Ming Festival

2. 直译法

直译法就是按照字面意思进行翻译，既能够保留原语特点，又能让译入语读者理解。有许多的节日都是这样翻译的。例如：

元宵节译为：the Lantern Festival

元旦译为：New Year's Day

国际劳动节译为：International Labor Day

国际儿童节译为：International Children's Day

中国共产党诞生纪念日译为：Anniversary of the Founding of the Chinese Communist Party

重阳节译为：the Double Ninth Festival

中秋节译为：the Mid-Autumn Festival

教师节译为：Teachers' Day

国庆节译为：National Day

3. 按照农历翻译

许多节日都是按农历计时的，所以不仅要翻译出节日的名称含义，还要考虑其农历时间。例如：

七夕节译为：the Double Seventh Festival（农历的七月初七）

重阳节译为：the Double Ninth Festival（农历的九月初九）

还有一些节日经过多种方法翻译，最终得到了多个翻译结果，如中秋节既可以翻译成"the Moon Festival"，又可以翻译成"the Mid Autumn Festival"；清明节既可以翻译成"Tomb-Sweeping Day"，也可以翻译成"the

Qing Ming Festival”。

4. 按照习俗翻译

在中国，不同的传统节日的庆祝方法往往都具有独特性，因此关于节日名称的翻译也可以参考这些节日的习俗特点。

比如，按照中秋节回家赏月的习俗常将中秋节翻译成“the Moon Festival”。

又比如，人们在纪念爱国主义诗人屈原的端午节这一天会吃粽子，同时还会举行龙舟比赛。因此将端午节翻译为“the Dragon-Boat Festival”，这就是根据人们过节的习俗翻译的。

二、服饰文化及其翻译

（一）中国服饰造型

中国文化中和谐文化的侧重点在于协调与平衡。平稳和规矩是中国服装的特点，也是其隐喻文化的体现。中国文化艺术倾向于传达一种抒情的感觉，这种感觉可以反映在服装的元素中，表现出中国的文化品位和精神内涵。

中国独特的文化是中国服饰发展的影响因素之一，中国传统服饰较为宽大，这也展现了中国人自尊含蓄的性格特点。同时受儒家思想的影响，中国传统服饰展现出保守的特点，其表现为衣服将身体完全包裹，就连衣领、衣袖都要扣紧。

1. 结构

中国的袍、衫、褂子等传统服饰一般采用平面结构，采用直线裁剪方式，没有起肩和袖窿。将袖底缝和与侧摆连接构成一条简单的直线，既让人感觉舒展，又能体现意境美。

2. 外形

纵向感是传统中国服饰所追求的感觉，有自然下垂的衣领以及修饰含蓄的肩部，还有极具特色的超出臂长的衣袖。这样的特点服饰不仅在中国国内有，许多亚洲国家也因为受到了古代中国的影响而出现了这样特点的服饰。到了清朝，男性服饰的设计整体更为肥大，相反，女性服饰则较为修身，加上花盆底鞋使得旗人与历代妇女相比显得十分高挑。

3. 装饰

镶、嵌、盘、滚、绣等工艺也是中国服饰极具特色的装饰。服饰上的纹样因为这些工艺而显得五彩斑斓，刺绣是其中常见的手法之一，这些装饰可以让服饰整体产生美感，也可以彰显东方神韵。

中国服饰很重视平面的设计，结构轮廓一般都很稳定。对服饰的审视更加注重色彩的搭配、刺绣的设计以及图案的编排等。其次，设计者看中衣襟、领、袖、扣、边褶等部位的变化，会采用“补子”这种中国独有的装饰手段进行装饰。

（二）中国服饰文化的翻译

1. 传达服饰功能

服饰是有其用途和功能的一种穿戴物，因此服饰要服务于人们的生活。这就要求在翻译中传达服装的功能，也就是说，应该将某一服装产品的用途告诉译入语的读者。在中国，许多传统服饰是中华民族独有的，外国人对这些服饰还不熟悉，甚至闻所未闻。对于这种服饰的翻译，最好是在音译的基础上进行解释，以便译入语读者能够理解和掌握。加上补充性的翻译以便使译入语读者一目了然，也只有让译入语读者对该服饰的功能有清晰的认知，才能帮助其展开对该服饰后续的文化解读。

2. 传达服饰文化属性

情感因素也是服饰所传达的重要因素，从不同角度审视中国服饰会发现明显不同的特点。

“手工艺术”译为：the magnificent hand-made folk art

“定情之物”译为：a token of love for male and female

3. 传达服饰的原味性

译者必须顺应译入语国家的语言习惯，深入挖掘原文，使用译入语的语言形式来进行表达，从而实现“意译”。这种翻译方式通常出现在诗词中关于服饰的表达中，旨在揭示文化的悠远意境。

第三节　称谓与习语文化及其翻译

一、称谓文化及其翻译

（一）称谓文化解析

1. 称谓的内涵

称谓是一种交际中的称呼，是通过人们之间如亲属、朋友、同事、职业等不同的身份关系而获得的名称。称谓语和称呼语是不同的，称呼语是打招呼时为表示关系而添加的名称，如同志、姐姐等；而相比之下的称谓语则是体现人们社会关系和角色的系统的名称。

称谓的系统根据不同的标准可以分成复杂多样的几类：第一，根据所反映的情感态度，称谓分为敬称、蔑称、谦称和昵称等；第二，根据所体现的社会关系，称谓分为亲属称谓和非亲属称谓或社交称谓；第三，根据本身的形式，称谓可分为全称和简称；第四，根据所指方向，称谓可分为自称和他称等。

因此，称谓的种类颇多，但值得注意的是，此分类并不绝对，这其中还会有重复使用的情况存在。

2. 亲属称谓与社交称谓

（1）亲属称谓

在家庭内部使用的，以血缘关系为基础的称谓就是亲属称谓，英语中的亲属称谓较少，仅有 13 个名词以及 7 个修饰词语，具体如下所示。

13 个称谓名词：father，mother，son，daughter，brother，sister，uncle，aunt，nephew，niece，cousin，husband，wife。

7 个修饰词：great，grand，step，half，first，second，in–law。

这些称谓体现了西方世界的亲属关系、血缘构成等。

相比起来，汉语中的亲属称谓可就多得多了，比如常见的近亲就有爸爸、妈妈、姐姐、妹妹、爷爷、奶奶、兄弟、姨、婶、叔、伯等，这些亲属称谓词之间具有严格的性别、年龄、辈分的限制。另外，在一些特殊的交际场合，中国人对一些非亲属成员也会使用亲属称谓来称呼，如大妈、大婶、大爷、大叔、大哥、大姐等。中国儿童通常称呼自己父母的朋友为“叔叔”“阿姨”，在西方国家则往往会用“Mr.”“Mrs.”“Miss”来称呼。

（2）社交称谓

社交称谓是一种与亲属称谓相对应的称谓，是非亲属成员之间所使用的称谓语，社交称谓是对人们社交中相互关系的一种反映。社交称谓也会根据人们建立的不同关系而产生变化，主要包括以下几种：

①姓名称谓

姓名称谓是指直呼对方的姓名或简称。名字在英语中是很重要的。根据交际双方的年龄、身份、地位和关系的不同，人们经常使用姓氏、名、昵称等称呼对方。一般来说，如果交际双方的关系是平等的，那么使用最多的称谓就是 first name；如果交际双方的关系比较亲密，则可以使用 nick name 或者 pet name 来称呼。

在汉语中，会通过将姓名与其他称谓形式一起使用来表示尊重、客气、亲切等意思，如李立叔叔、王丹阿姨、丽丽姐姐等。

如今的文化融合非常迅速，中国人也更加适应英语国家的称呼习惯，但要注意的是，对一些威望或社会地位较高的群体，如医生、教授、律师、外交家等，出于尊敬，也不要直呼其名。

②职业、职务称谓

在中国，职场中较为重视“权势性”关系，因此各种职务、职业的称谓都能体现出这一特点。在汉语中，为了体现个人的社会地位，只要是可以表示职称、职业、职务的词语几乎都可被用作称谓。

这些头衔单独或一起使用，用以表示认可和尊重。在服务业中，包括售票员、店员、服务员等在内的很多职位头衔都可以加上“同志”一词，使之成为一个受人尊敬的头衔。在社交过程中因为每个人的定位是基本不变的，所以大多数人都有其特定头衔。

英语称谓中的局限性源于西方国家的人们对“平等性”关系的重视。例如，在社交活动中，比较常见的职衔称谓有“Professor”“Dr.”等。另外，在政治界、法律界、皇族中往往沿用以往留下的特定称谓，如 Queen Mary，President Bush，Father Brown 等，其中 Father，Sister, General，Reverend，Colonel 等可单用。

③通称、人称和不称

通称、人称和不称大量存在于英语和汉语之中。对于英语使用者而言，Mr.，Mrs.，Miss，Ms.，Madam，Sir，Lady 这些称谓在平时生活交际过程中使用得非常普遍。在汉语中，通称包括同志、师傅、夫人、先生、太太、小姐、老师、女士等。

关于人称方面，当前英语中比较常用的单词为“you”，以往历史中也出现过表示敬称的人称，如“thou and you”。“thou”相当于汉语中的“您”，这一用语现在已被弃用，仅在祈祷时以及诗歌中偶尔出现。

此外，当前流行的美女、帅哥等称谓也渐渐成为一种通用称谓。

不称通常是指在交际过程中不使用任何的称谓，其根源在于两个方面，一个是不知道如何称呼对方，另一个则是因为对方的身份具有多重性。但是因不称的不礼貌性，通常会选用其他方式来代替不称的方式来进行社交。

（二）称谓文化翻译

从上面这些例子中可以发现，不同语言的称谓是有很大差异的，从形式到语义、语用层面都有不同。特殊场合使用的称谓也会具有不同含义，具有不同的社交功能。所以在翻译称谓时，务必要注意出现称谓的社交环境变化，分辨其中的称谓差异性，最后将其合适地翻译出来。英汉称谓语的翻译通常可以采用以下一些方法。

1. 亲属称谓的翻译

（1）等值法

从中西亲属文化的对比中可以看出，亲属称谓语在不同语言的称谓文化中，确实存在语义对等、相似甚至相同的交际价值，在翻译中可以采用语义等值法来进行翻译。例如：

女儿译为：daughter

儿子译为：son

爸爸译为：dad

妈妈译为：mom

（2）加注法

可以采用注释的方法对源语言中一些特殊称谓进行表达，使之更容易被译入语读者清晰地理解。

例如：

岳父译为：Father-in-law（ wife’s father）

岳母译为：mother-in-law（ wife’s mother）

公公译为：Father-in-law（Husband’s father）

婆婆译为：mother-in-law（Husband’s mother）

姐夫译为：brother-in-law（ husband of one’s elder sister）

妹夫译为：brother-in-law（ husband of one’s younger sister）

（3）变通法

翻译时，在英汉语言中有一些称谓没有对应的词语，这时我们就要采用变通法来进行灵活翻译。

2. 社交称谓的翻译

（1）对等法

许多社会称谓在英汉两种语言中是对等的，对等的方法在翻译中也很常用，这时只需直接使用这些对等词即可。例如：

刘小姐译为：Miss Liu

胡先生译为：Mr.Hu

张教授译为：Professor Zhang

王主任译为：Director Wang

杜校长译为：President Du

韩医生译为：Doctor Han

（2）改写法

在英语和汉语中，许多社会称谓都不是对应的。为了更好地向译入语读者传达原文的真实含义，译者在翻译中应采用改写的方法，通过对原文的社会称谓进行一定程度的改写使译文符合译入语的表达习惯。例如：

刘东方的妹妹是汪处厚的拜门学生，也不时到师母家来谈谈。（钱钟书《围城》）

Liu Tung-fang's sister, a former students of Wang Chuhou, also dropped in sometimes to see her, calling her Teacher's wife.（珍妮. 凯利、茅国权译）

在本例中，对原文中的"师母家"进行翻译时，英语中并没有与之对应的词语，这时可根据上下文的内容进行分析。从文中得知"师母家"是指师母，也就是老师的妻子，所以将其译为"Teacher's wife"，不仅清楚地传达了原文的含义，还使师母与学生之间的关系得到了很好的再现。

二、习语文化及其翻译

（一）习语文化解析

1. 习语的概念

习语是语言发展过程中凝结的精华，可以让语言变得更加生动形象，同时也更加简练。它的地域色彩和民族特色异常鲜明，文化内涵丰富，既包括了语言的文化特征与背景，又反映了高度集中的民族文化精髓和价值取向。我们可以通过习语看到一个民族对文化传统的继承和发展，对客观事物的情感评价和认知习惯。

2. 习语的特征

习语包含以下几个鲜明的特点。

（1）民族性

习语是从人们不断的劳动创造中总结出来的，与一个国家的风俗习惯、价值观、地理环境和历史背景密不可分。习语可以体现一个地域、一个国家、一个民族的文化特征，可以清晰地表现其民族特色。

习语反映了不同地区真实的人文环境。不同国家和民族的人生活在同一个地球上，难免会有一些相似的经历和意识。例如，古代的人会把“心脏”（heart）当作各种维度，包括思维、灵魂和情感的中心。于是许多与“心脏”有关的习语就诞生了，像“全心全意”（heart and soul）、“心有灵犀”（mind acts upon mind）等。

不管是英语还是汉语，其中的习语都是丰富多样的，其表达方式会因不同民族生活的不同地域而产生区别。民族性习语的另一个特点就是形象不同但寓意相同。比如汉语在描写绝境时会用到习语“山穷水尽”，在英语中则是“to be at the end of one's rope”（在绳子的末端）；而汉语中如果描写一个人脾气很倔会说“他脾气犟得像头牛”，在英语的习语中则说“as stubborn as a mule”（犟得像头驴子）。

（2）地域性

地域性也是习语的一个显著特点，一个地域里采用某种形式来表达含义的习语，在另一种语言中可能会用更为熟悉或惯用的其他事物来表达相同的含义。如，英语中的“as red as a rose”，在汉语中则习惯将其表达为“红彤彤”。

（3）民间性

不同文化环境下的民间生活产生了多种多样的习语，习语是由生活中反复的经验形成的。不同的劳动者寻找不同的自然规律、经验技巧，并将其创造成简洁的短语，就构成了习语。其中有人们的感悟、经验的总结，因此这些习语广受认可。其经过广泛应用和锤炼，逐渐发展成为在民间传播流通的习语。

习语因其民间性，所以在内容上体现出来的就是劳动人民的生活场景，或者日常总结。下面的例子就是人们根据不同地域、气象、气候对农耕的影响而总结成的。

例如：

朝霞不出门，暮霞行千里。

今晨日未出，晓气散如绮。

心疑雨再作，眼转云四起。

我岂知天道，吴农谚云尔。

（范成大《范石湖集》）

（4）比喻性

习语还经常会用到比喻这一应用广泛的修辞手法。因此习语具有比喻性，例如：

三个臭皮匠，顶个诸葛亮。

五十步笑百步。

3. 习语的分类

汉语习语可以根据结构搭配关系、音节数量进行分类。

①汉语习语中包含不同字数的习语，因此可以按字数对其进行划分。其中最常见的就是四音节习语，如：金蝉脱壳、百里挑一、金玉满堂。

②习语还可以按结构进行划分，平行习语与修饰习语就是两种按结构搭配关系进行划分的习语类型。其中，修饰习语包含主谓关系习语、动宾

关系习语、偏正关系习语等，而平行习语包含并列关系习语、承接关系习语、因果关系习语等。例如：

主谓关系习语：苦尽甘来

动宾关系习语：移风易俗

承接关系习语：瓜熟蒂落

并列关系习语：承上启下

因果关系习语：有恃无恐

偏正关系习语：难言之隐

（二）习语文化翻译

无论是英语还是汉语中都存在大量习语，可以看出习语不止是一种语言的精粹，更包含了各种文化底蕴，同时还将不同民族的独特文化内置其中。翻译是了解国外习语文化的重要途径，要精准地进行翻译并不容易。我们在充分了解其文化内涵的同时使用的翻译的方法也要合适。以下是习语文化翻译的常用方法。

1. 直译加注法

不同特色下的民族可以产生不同的习语，直译会产生不利于读者阅读的错误，而意译则可能会损坏习语的民族特色和传统形象，对文化传播造成影响。因此，在两种翻译方法都不合适的情况下我们选择直译注释法。在直译的基础上加上注释，可以兼顾传达原文语义和内涵的要求。例如：

班门弄斧译为：show off ones skill with the axe before LuBan the master carpenter，LuBan：a master craftsman of the Spring and Autumn period in ancient China

2. 直译意译结合法

在翻译习语时，为了发挥各自优势，会通过将直译和意译结合的方法来进行翻译使习语内涵得到有效传递。例如：

三十六计走为上计译为：of the thirty-six strategies，the best is running away as you have no better choice

3. 套译法

我们遇到英汉语言中在内容形式上彼此相似的习语时可以使用套译法进行翻译。例如：

说曹操，曹操到。

Talk of the devil and he is sure to appear.

得寸进尺。

Give him an inch and he'll take an ell.

第四节 饮食与典故文化及其翻译

一、饮食文化及其翻译

（一）饮食文化解析

1. 中国饮食理念

中国人自古便注重“食”，这体现在方方面面。因为受中医养生、儒家伦理道德观念以及饮食风尚的影响，中国人在长期的发展中形成了“民以食为天，食以味为先”的饮食习惯。

中国人总会找到适合吃的理由与场合，大大小小的节日，以及各种值得庆祝的事件都是吃的理由，如婴儿出生及满月、出门的告别宴、归乡的接风宴等。而小吃街、大酒店、农家乐等不同场合也是体验不同食物的最佳场所，这些场合的差别也会使同种食材的口味变得天差地别。这就是中国人独特的饮食理念。

2. 中国饮食对象

中国人饮食资源的类型是由其所能获取的食物决定的，而这源于人们生活环境的不同。早期的中国人的饮食对象主要是素食，辅以少量肉类。而随着时代发展，中国无论是农业还是畜牧业都有了长足进步，因此现代的饮食类型逐渐增多，不止食材种类，还有食材的烹饪方法等都变得丰富多样。

3. 中国饮食习惯

中国人不论在什么样的宴席上都喜欢围绕圆桌而坐，各种各样的食物全部放在桌子中间，同时还会根据不同人的身份、年龄和地位来分配不同的座位。包括餐桌上人们往来让菜、相互敬酒的场面都体现了中国餐桌上的安静祥和。

这样的饮食习惯既源自中国人团圆的理念，也是中国人的饮食礼仪所在，还体现了重视团结、大家庭、全局观等。这也是中国人重视集体观念，强调全局观的表现。

（二）中国饮食文化的翻译

如果遇到西方友人来中国做客，为了使外国友人能够对菜肴有清晰的了解，并借此学习菜肴文化的内涵，译者要掌握一定的翻译技巧。

1. 直译法

通过直接翻译便可令外国友人了解含义的方法就是直译法。例如：

脆皮鱼译为：crisp fish

板鸭译为：fiat duck

白面包译为：white bread

蛋花译为：egg floss

译者采用直译法将食物名称一一翻译，可以让译入语读者对食物有一个直观的了解。

2. 拼音加注法

拼音加注法就是在拼音的基础上增添一些英文释义。例如：

北京烤鸭译为：Beijing roast duck

山东烧笋鸡译为：Shandong roast spring chicken

怪味牛百叶译为：Ox tripe，Sichuan style

苏州豆腐汤译为：Bean curd soup，Suzhou style

岭南酥鸭译为：crispy duck，Lingnan style

狗不理包子译为：the Goubuli steamed stuffed bun

湖南羊皮译为：Hunan lamb

盐卤信丰鸡译为：salt-baked Xinfeng chicken

太白鸭子译为：Taibai duck

拼音加注法一般会针对一些地方菜肴，而注释处便是菜肴的来源地，这样有助于读者对菜肴文化有进一步的了解。

3. 意译法

有些很难从字面上看出内容的中国菜肴可以通过意译法进行翻译。例如：

金华玉树鸡译为：sliced chicken and ham with greens

发财好市译为：black moss cooked with oysters

4. 倒译法

将结构特点与汉语词序进行颠倒翻译的方法就是倒译法。例如：

八宝酿鸭译为：duck stuffed with eight delicacies

白汁鱼唇译为：fish lips in white sauce

卷筒兔译为：rabbit rolls

汤面译为：noodles in soup

芙蓉海参译为：sea cucumbers with egg white

二、典故文化及其翻译

（一）典故文化解析

英汉典故只在某些意义上有所重叠，虽然两者的内容和特点都非常丰富，但是因为文化背景的差异导致意义不完全对应，所以典故在不同语言下的本质具有隐喻性。

（二）典故的来源

1. 源于文学作品

中国典故的主要来源之一就是中国历代的文学作品。这些文学作品历经 3000 多年的发展，历史中的每个朝代都会发展出属于自己的文学创作形式，如，源自神话故事的典故：钻木取火、大禹治水等。

2. 源自历史史实

许多重大历史事件都对后世社会产生了重大影响，典故就成了人们用来记录这些事件的浓缩载体。

在中国悠久的历史长河中，每个历史朝代都会有丰富的语言财富留给后世的人。

如与春秋战国时期和秦赵相争有关的典故：四面楚歌、项庄舞剑、楚河汉界、破釜沉舟等。

3. 源自寓言故事

汉语中有很多散布于古代典籍的寓言童话典故，这其中有许多都来自先秦时期。例如：守株待兔、愚公移山、画蛇添足、一曝十寒、东郭先生、拔苗助长等。

（二）典故文化翻译

在翻译英汉的典故文化时，要尽可能地灵活使用翻译方法，把原作文化内涵准确地展示出来，可采用以下几种方法。

1. 直译加注法

一些通过直译法翻译的典故不利于读者理解，而采用意译法又有损原文的风格与形象。所以为了同时满足便于读者理解与保留原文文化特色的条件，就可以采用直译加注释的方法来进行翻译。

2. 套译法

套译法适用于在文化的内涵与表达方式上都大致相同的典故。例如：

过河拆桥译为：kick down the ladder

隔墙有耳译为：Walls have ears

3. 多种译法相结合

从上文可以看出，仅仅使用一种翻译方法进行对英汉典故的翻译很难将其蕴含的文化内涵翻译到位，因此需要采用多种方法相结合的方式，才能生动形象地将其翻译出来。总体来说，为了在翻译过程中避免望文生义，准确地将英汉习语和典故中的文化与特色翻译出来，必须选择恰当的翻译方法。

第八章　跨文化背景下英语翻译教学实践与发展

第一节　跨文化背景下英语翻译教学原则

一、题材丰富原则

教学是培养人才的重中之重，全面的翻译人才是社会急迫需要的人才，因此，翻译的题材必须丰富多样，并且系统化，只有借助这样的实践成果培养的人才才能满足社会需求。这就要求教师在翻译教学中选取的题材必须遵从丰富性原则，可以让学生通过接触不同风格、不同内容、不同文化角度的材料对其进行针对性训练。无论是商务风格还是新闻风格，不同风格有不同特点，这既要求学生多接触多训练，也要求教师能及时抓住并总结问题。

二、循序渐进原则

双语翻译活动本身就具备复杂性，其中，语言知识本身的差异、文化与社会背景的差异等都是提升翻译难度的地方，因此翻译要讲究循序渐进，教师在教学过程中要进行由浅入深地讲解，一点点提升学生的翻译水平和能力，不能急于求成。

三、兼顾质量与速度原则

由于许多翻译活动不仅要求质量，还同时在保证质量的基础上要求速度。因此，在翻译实践中，催稿是常有的事情。在大学英语翻译教学中，教师需要提醒学生在注重质量的同时不要忽视速度，以达到两者兼顾的目的。例如，在英语翻译中，教师可以通过限时训练来帮助学生更好地把握时间，以提高学生翻译效率。所以，教师组织学生进行限时翻译培训可以有效地帮助学生提高翻译水平。

四、学以致用原则

在英语翻译教学中，遵从学以致用原则也非常有必要，这有助于学生将课堂所学所用运用到实际需求中。这对教学的教师提出了一些要求，如教师应当多为学生创造这样的实践机会，比如在翻译公司实习等。让学生在实践的过程中更好地掌握所学知识，明白自己的真实翻译水平等，有助于学生进一步提升自我。另外，遵循学以致用原则还可以让学生有机会得到社会上的实际项目中客户的反馈，这对之后学生的进步也有很大帮助。

第二节　跨文化背景下英语翻译教学中文化渗透途径

一、中西文化差异及其对翻译教学的影响

翻译活动集语言转换、文化转换、文化交流等多个过程于一身。英语翻译的教学深受跨文化交流的影响，翻译的好坏也取决于译者对文化差异

性的解读程度。由此可见，文化差异在英汉翻译中非常值得重视。

（一）思维方式方面的差异及影响

英语地区的人群非常擅长抽象思维，可以通过各种抽象的概念将具体事物进行表达。这种思维方式的语言表达是对抽象表达的一种应用。然而，汉语民族的思维方式与英语民族的思维方式恰恰相反。因此，在具体的翻译过程中，需要对原文进行变动，即使英语中的抽象名词具体化。

（二）物质文化方面的差异及影响

英汉翻译因为中西方物质文化的巨大差异而存在很大的困难。物质文化与人们日常生活的方方面面息息相关，包括饮食、生活用品、服装、工具等在内的非常丰富的内容。

中国人的主食为米、各种面食，而西方人则是蛋糕、面包等。这种饮食文化的差异也会产生一些常用语，比如中国人常说的“小菜一碟”这种说法，与西方的“A piece of cake”，即蛋糕一块的说法相对应。这就是中西文化差异导致的翻译问题。

总之，物质文化差异对翻译的影响非常之大。译者想要更好地进行翻译必须先了解文化差异性，这样的翻译才能达到文化交流的目的。

（三）风俗习惯方面的差异及影响

除了物质文化差异导致相关翻译产生的一些困难之外，在风俗习惯上的差异也会对其产生影响。在称呼方面，英语中常见的有 dad，mum，grandpa，aunt，uncle 这几种称谓，在英语文化中大部分情况下有直接称呼姓名的习惯。但是中国的情况大有不同，中国非常讲究礼仪文化，称谓尊卑有别、长幼有序，有着十分严苛的区分，有时英文中可能只有一种叫法，但在汉语中却能够有许多词语与之对应。例如：妻子这个称谓，在英语中只有“wife”一词与之对应，但在汉语中则有“老婆”“爱人”“媳妇”等多种叫法。

二、进行文化导入

（一）比较法

在翻译教学中为学生讲解文化知识时，最常用的方法就是比较法。比较法从字面意思理解，就是比较分析英语和汉语的文化，结合英语翻译的实际应用能力与跨文化能力，帮助学生在获得语言知识的同时吸收文化知识。例如，在中国文化中，“狗”往往具有贬义，因此与“狗”相关的词也属于贬义词，如“走狗”“丧家犬”等。然而，在英语文化中，狗非常喜欢跑步，被认为是人类最忠实的朋友。“You are a lucky dog.”（你真是个幸运儿）是英文中最常见的与狗相关的褒义语句了。因此，若是不了解其中的文化差异，很容易在翻译中出现意思与原文完全相反的情况而造成误译。

（二）主题讲座法

丰富学生知识的有效方法不仅有比较法，主题讲座也是不错的选择。在比较英汉地域文化差异的基础上进行分析总结，将学生学习的问题加以细化概括。有时，一些语言学家或外籍教师会有意识地就一些特色文化知识进行主题讲座。主题讲座具有信息量大、时间集中的优点，可以帮助学生提高文化敏感性，有助于学生实现对英语文化的全面了解和掌握。

（三）课外补充法

因为翻译教材的稀缺以及课堂时间的有限性，课堂这个培养学生翻译能力的重要场合也不可能让学生全面掌握翻译知识。因此，如何利用课后的充足的时间才是解决问题的重要思路。教师要想办法引导学生进行时间规划，主要是规划课余的时间，可以通过多种方式和渠道帮助学生进行知识水平的提升，例如，读书看报、看电影、寻找传统中国文化的资料等。这样一方面是对学生自学能力的培养，另一方面也提高了学生的动手能力、解决问题的能力以及翻译能力。

三、增强教师个人文化素养

教师的个人文化素养是翻译教学中非常重要的因素之一，教师对英汉文化的了解以及对翻译方法的掌握程度直接决定了教师所能传授知识的水平。如果教师没有一定的水准，教学反而会误导学生。因此，无论何时，教师都应将提升自身教学水平与个人文化素养放在首位。

四、增设相关中国文化选修课

社会对英语人才需求日益旺盛，大学英语的教学也随着社会发展而产生了新的标准与要求，但是大学内相关课程的设置数量反而呈现降低趋势，通过开设选修课来增加课程学习量便是一种解决的方案。选修课的开设既提高了教师的文化素养，又能提升学生自身翻译能力。另外，帮助学生吸收文化知识，提升其综合素质等也都是开设选修课带来的益处。

第三节　英语翻译教学中跨文化交际能力培养策略

一、文化语言能力的培养

对学生文化语言能力的培养十分重要，因为文化语言能力是翻译的基础。具体来说，可以从以下两大途径入手。

（一）扩大人才的知识面

扩大知识面对于我国的翻译人才的培养很重要。我国本就存在英语环境不足这样的硬性条件问题，又因为传统的学习观念使得学生的积极性不够充足，且大多数学生更加专注于课本内容而非翻译的实践操作。

翻译是综合了很多领域活动的一门综合学科，译者往往会因为语言基础知识的不足而很难对翻译文本进行准确的理解。同样，如果译者知识面狭窄，也会导致其很难进行复杂文本的翻译工作。

因此，开设更多的文化选修课是提升学生翻译水平的一大助力，用有意思的课堂内容来吸引学生选修课程，如英美文学，选读英美报刊可以使学生在了解国外有趣知识的同时提高自身的翻译能力，拓宽知识的广度以及提升自身文化修养。

（二）培养人才的语用能力

学生语用能力的提高有助于加深其对语篇文化知识的理解。在跨文化交际能力的培养中，教师可以从英美文化入手，通过向学生解释不同的文化差异和文化现象，使学生对不同的文化有不同的感受，增强学生学习其他文化的兴趣，然后再进一步提高他们对翻译的兴趣。

此外，学生语用能力的培养还受到翻译教材选择的影响。教师应选择包含文化差异和文化知识的教材，以便学生清楚地了解语言的使用方式。此外，教师还可以设置跨文化语用场景，让学生了解语言的语用情况。

二、文化策略能力的培养

（一）归化与异化策略

1. 归化策略

从定义上来看，归化策略指的是源语言表达形式的省略或替换，是一种用寻找地道的表达方式来表达译入语的一种翻译策略。这种策略的使用会导致源语言的文化意义的丧失，使文本更符合目标语言的文化意义。例如：

原文：谋事在人，成事在天。

译文 1：Man proposes，Heaven disposes.

译文 2：Man proposes，God disposes.

原句是带有浓重的中国特色的，两个译本都使用了对仗形式，与原作相称，但是在对“天”的表达上存在明显的差异。译文 1 将其翻译为“Heaven”，是与中国的文化色彩相符合的；译文 2 则为了符合译入语读者的接受程度，将其翻译为“God”。之所以存在差异就在于两个译本选择的翻译策略不同。

2. 异化策略

翻译者尽量保留源语言文化且在内容上贴近作者表达的翻译策略就是异化策略。不同语言之间的文化背景、地域风俗以及思维方式都存在显著差异，不同民族对事物的认知是极为不同的，因此在翻译一些历史文献时，既要贴近原著历史内容，又要保留其文化背景知识，以便传播其文化信息，此时就可以选择异化策略来进行翻译。

（二）归异互补策略

归化和异化策略是文化翻译中最主要的两种策略，归化和异化有着对立统一的关系，其各自的适用范畴也不相同，为了完整地传达源语言的内容与含义，只采用一种方法很难达到目的，这时就需要采用归异互补的策略将两者结合来进行翻译。

找到归化与异化的中间点对成为一名合格的翻译者来说非常重要，这可以让译者通过对原文的仔细阅读，找到这个点并且使用正确的策略翻译。

关于归化和异化策略的关系，一般先使用异化策略翻译，之后再用归化策略作为辅助。具体方法可以总结为以下几点：

（1）为了使译文可以实现“形神具备”，一般译者会选用异化策略来进行翻译，这有助于传达原文的内容。

（2）若异化策略不能充分表意或者翻译不通顺，这时可以考虑两种策略结合的方法。

（3）如果异化策略的翻译与理想结果出入巨大，那么就考虑使用归化策略，舍弃原作形式，只表达其内涵意义。

总之，在处理归化与异化的关系时，译者应注意适度。具体来说，在采用异化策略时，译者必须确保它不会影响读者对译文的理解；在采用归化策略时，译者必须确保原作在风格上不会改变，并努力实现真正的“文化传真”。从这个意义上说，异化策略在文化层面上有很强的表现，而归化策略在纯语言层面上有很强的表现。

值得注意的是，即使在同一篇文章中，翻译策略也不是唯一的，不能只使用一种策略进行翻译。在处理不同的文化问题时，一个好的译者应该洞察文化知识，充分发挥跨文化意识，采取适当的翻译策略，努力成为文化交流的使者。

（三）文化间性策略

所谓文化间性策略，是指基于文化间性主义与文化间性观而逐渐形成的一种翻译策略。在文化间性主义者看来，译者在进行文化翻译时应该保证互惠互补、相互协调的文化关系。文化间性策略可以帮助译者在翻译过程中处理好不同文化之间的明显差异，并发现不同文化之间的相同点，从而实现不同文化之间的联系与互动。

将不同文化的要素内化于身，并以发展的眼光和接纳的态度来看待不同文化的译者才是优秀的译者。在这样的状态下，译者可以更好地进行文化的翻译实践，使翻译作品变得更加优秀。具体来讲，可实现以下两大效益：

（1）译者要保持开放的心态，接受和容忍不同的文化，并采取适当的策略来应对不同的文化。

（2）译者要扩展和发展源语文化，在共同思维的指导下分析源语文化，进而将源语文化推向世界。

文化间性策略极大地弱化了归化策略和异化策略，并且支持了传统的“信、达、雅”翻译标准。例如：

原文：天时不如地利，地利不如人和。

译文 1：Sky times not so good as ground situation; ground situation not so good as human harmony.

译文 2：Opportunities vouchsafed by Heaven are less important than terrestrial advantages,which in tum are less important than the unity among people.

显然，原文是一则典故，意思是在战争中，气候条件十分重要，地理形势也十分重要，但是相比之下，人心所向才是最为重要的。对于这则典故的翻译，译文 1 是很不负责任的，属于乱译；译文 2 则根据文化间性理论对其进行了恰当的翻译，很容易让读者理解。

（四）文化调停策略

文化调停策略就是针对归化策略和异化策略来说的。运用文化调停策略可以让译文的可读性更强，同时也弥补了归化策略和异化策略的文化问题。

但其也存在一些如无法保留文化意象、不易交流等的问题。

例如：

刘备章武三年病死于白帝城永安宫，五月运回成都，八月葬于惠陵。

Liu Bei died of illness in 233 at present-day Fenjie County,Sichuan Province,and was buried in Chengdu in the same year.

上面这篇例子就是典型的拥有丰富文化因素与内涵的短文章，这里面包括了许多古代的内容，如地名与年代等。在这篇文章的翻译中，很难采用归化策略来找到英语中的对应单词，同时也无法使用拼写注释的异化策略，这只会使得翻译更加的繁琐。这时应该采用文化调停策略，忽略这些难译因素来进行翻译才能更好地使读者理解内容。

如果一篇文章中出现许多源语言自身的文化以及特定的内容，如人物名、地名、年代名或者书籍典故等，这时采用传统的翻译方法就显得异常麻烦，而且即使经过准确地翻译，读者有时还是无法理解这些本质上属于源语言文化的内容。因此这时应选择简化或者省略性的翻译，既能使翻译的工作量大大减少，又不影响读者对译文的理解，同时源语言的文化内涵也做到了尽量不丢失。因此事实上，我们可以使用文化调停策略来翻译和省略不必要的文化内容，这样使译文更容易被译入语读者理解。

（五）文化对应策略

采用译入语文化中的知名事件或人物等对源语言文化中的内容进行解析与注释的翻译策略被称为文化对应策略。英汉中常见的对应策略例子就是“梁山伯和祝英台”所对应的“罗密欧与朱丽叶”，这里前者是在中国文化中耳熟能详的人物角色，而后者的故事广泛流传于西方国家，但是因为其角色与故事内容的对应性，可以将其进行文化对应策略的翻译。同样，“济公”和“罗宾汉”的互换也是一样的。归化策略和异化策略在包括归化、异化、互补、跨文化、文化调停和文化对应六种文化翻译策略中占据主导地位，并且两者呈现出对立统一的关系。其中归化策略，是倾向于译入语读者的翻译策略，这种策略更加照顾译入语读者对译文的理解；相反，异化策略则是更倾向于原文化读者的一种翻译策略。优秀的译者可以很好地将两者进行平衡。

例如，在日常生活中，为了确保良好的沟通效果，一些通知、广告、公告和新闻报道经常使用归化策略进行翻译，这对读者来说是很容易理解的。如果不能使用归化策略，也可以使用文化调停策略，这样可以使译文更清晰，更易于读者理解，并且符合译入语读者的阅读习惯。对于政治评论、哲学著作、科技文章，译者往往采用异化策略，因为撰写这些文章的目的是宣传和发扬，这样的翻译将有助于填补译入语读者的知识空缺。换言之，异化策略的运用有助于弥补译入语读者的空白，能使读者更多地了解目标语语言文化。

第四节　跨文化背景下英语翻译教学新发展

一、数字化时代英语翻译教学新模式

语言作为人类交流最重要的工具，其在社会经济发展过程中发挥着极为重要的作用。由于数字化时代下的传统英语翻译教学已经无法满足社会经济发展的需要，因此必须加强英语翻译教学模式改革与创新的力度，只有建立符合数字化时代要求的英语翻译教学模式，才能促进英语翻译教学效率与质量的稳步提升，下面就数字化时代英语翻译教学的新模式进行分析与探讨。

（一）构建数字化翻译教学的平台

只有冲破传统教学手段对英语翻译教学的限制，才能促进英语翻译教学效率的全面提升，充分发挥数字化时代的优势构建数字化的英语翻译教学平台，为英语翻译教学的顺利进行奠定良好的基础。由于数字化翻译辅助教学平台的构建涉及各方面的内容，必须在计算机、互联网环境下进行，因此学校必须根据教学的要求在采购翻译软件的同时，加强与社会企业合作的力度，定期组织学生到翻译公司进行实习或者观摩，以便学生迅速掌握翻译软件的使用方法。另外，教师只有在教学过程中引导学生掌握使用网络翻译工具的方法，才能达到促进学生翻译能力稳步提升的目的。由于大多数领域的翻译名称都已经发展为固定的模式，因此快速、准确地完成文章的翻译是数字化时代对翻译人员所提出的最基本的要求。

（二）构建翻译教学互动平台

数字化时代下的英语翻译教学模式与传统英语翻译教学模式相比，最大的特点就是，其增强了教师与学生之间的交流与互动，这种全新的教学平台不仅有助于课堂教学过程中教师与学生之间的交流与互动，同时也为教师与学生在课后的交流互动搭建了良好的平台。也就是说，数字化时代下的英语翻译教学不仅能冲破时间和空间对英语翻译教学的限制，同时教师在教学过程中充分利用互联网搭建的 QQ 群、微信群等网络社交平台，建立的实时网络互动交流平台，也为英语翻译教学的顺利进行奠定了良好的基础。此外，在数字化时代下的英语翻译教学开展过程中，教师还可以利用与国内外网络平台连接的方式，通过平台发布自己无法翻译的问题，以便寻求翻译专业人士和专家的帮助。这种数字化时代下的互动翻译教学平台的建立，不仅实现了信息资源的共享，同时也促进了学生的学习积极性与主观能动性的不断提升，增强了师生之间的协作力度，为翻译教学的顺利进行奠定了良好的基础。

（三）翻译作业的布置

传统英语翻译教学模式下的英语翻译教学中，整个翻译教学的作业布置必须严格地按照以下流程进行：教师根据教学要求向学生布置翻译作业，学生完成作业后上交，然后由教师批改并进行讲评。而数字化时代下，教师在布置翻译作业时，主要依靠的是网络辅助教学平台建立的以班级为主体的班级翻译群。这一教学方式与传统教学方式相比较而言，最大的差别在于其可以充分激发出学生的学习积极性和主动性，有助于学生团队协作精神的不断提升。同时，这种多元化开放式的英语翻译教学模式，使教师可以在布置与教材相关的翻译作业之外，加强与翻译公司的合作力度，承接翻译公司的翻译业务，引导学生根据自己的学习兴趣选择自己最擅长的领域完成教师所布置的翻译作业。在学生完成教师布置的翻译作业后，由教师按照翻译公司的要求，统一进行检查和质量把关。教师针对学生在作业完成过程中存在的问题及时地指出并进行纠正，以达到促进学生翻译能力与水平的全面提升的目的，为学生后期走上工作岗位奠定良好的基础。

（四）翻译测试的多样化与市场化

传统英语翻译教学模式下的测试方法主要是教师出具翻译试卷，学生完成试卷，然后由教师打分的单一测试方式，这种单一测试方式的主要的目的是检测学生的背诵与双语转换能力。但是，就实际情况而言，大多数情况下，翻译人员在翻译材料时往往只能依靠自身的记忆能力进行资料的翻译；而在数字化时代下，翻译教学不仅测试方法和内容灵活多样，同时随着计算机辅助翻译教学平台的建立，还可以根据学生的实际情况决定测试的时间，也可以让学生在测试的过程中只需要充分利用自己日常学习过程中建立的小型资料库和相关专业术语，借助复杂翻译软件以及网络工具，就可以顺利地完成测试。另外，如果学生在测试过程中遇到问题也可以通过网络向专业人士寻求帮助，而教师则根据相关的评价标准对学生的测试成绩作出客观公正的评价即可。

总之，为了促进数字化时代英语翻译教学效率与质量的全面提升，必须加强翻译教学教材内容、教学方法、测试方法等各方面的改革与创新的力度，以此确保数字化时代翻译教学工作的顺利进行。传统翻译教学方式随着数字化时代的来临已经无法满足翻译教学的要求，因此教师必须深入分析数字化时代下翻译教学实践活动的特点，严格按照数字化时代翻译教学的要求开展英语翻译教学活动，才能促进翻译教学效率与质量的全面提升。

二、“互联网 +”环境下的英语翻译教学模式

英语作为世界通用的语言之一，在国家间的经济贸易与文化交流中都发挥着非常重要的作用。目前，中国社会对翻译人才的需求很大，但大多翻译人才的培养相对刚性，高校的教学已经渐渐无法满足社会对英语翻译人才的需求。因此，现阶段大学翻译教学的模式迫切需要改变 提升，为了提高大学英语教学水平，必须进行教学模式的创新。

（一）“互联网 +”技术影响下的大学英语翻译模式创新策略

1. 优化英语翻译课程体系

创新需要找到源头，只有从源头进行优化才能解决根本性的问题。大学英语翻译的教学模式源头就是翻译课程体系。解决这个问题需要教师经常举办与翻译相关的英语讲座和翻译竞赛，这既可以帮助学生培养对英语翻译的兴趣，也可以通过比赛这种实践模式来提高学生的实际翻译水平。不断更新翻译课程体系，将其与实践活动相结合是迫切的需求。教师重视的点不应局限于基础的翻译知识，而是应该将中心放在翻译的技巧与实践操作中。只有优化好课程体系，才能让大学英语翻译的教学更上一层楼，更加适应时代需求，培养更优秀的综合型翻译人才。

2. 引导学生提升自学能力

教师对帮助学生自主汲取知识，提高学生综合素质与信息处理能力以及英语翻译能力具有极为重要的意义。学生的自主学习能力是学生进行额外提升的根本。传统教学中，教师作为教学主体使得学生在课上的收获非常有限。当新素质教育以及新课改深入后，学生的自主学习能力有了显著提高，课外的书籍、报刊、互联网等渠道大大丰富了学生自主学习的手段，教师应当注重引导学生提升自学能力。

3. 建立英语教学创新机制

在课堂上播放英文原声电影也是一种教学创新。受英语电影氛围的影响，教师可以教会学生从各个方面理解英语翻译。教师与学生一起观看电影，解释电影经典台词，分析电影中复杂的翻译原则和技巧，进而能使学生的综合翻译能力、口语能力以及思维能力获得显著提升。

4. 构建英语翻译实践平台

大学英语翻译实践平台建设存在障碍，现代信息技术的发展似乎可以解决这一问题。学生通过对各种微课资源的开发应用，不再将英语的学习局限在一定的空间和时间之内，因此学生有更多机会来练习英语翻译，同时可以有更多的实际应用机会，这些都能有效地提升学生口语以及书面翻译的水平。

5. 阅读报刊提升翻译能力

阅读英文期刊、报纸可以有效地拓宽学生的视野。报纸的内容涉猎广泛，既有时事新闻，又有许多领域的主题，经常阅读可以有效增加学生的词汇量，培养其内化词汇的能力，较多重复的句式单词可以培养学生的语感，对期刊进行英汉互译可以显著提升学生个人的翻译知识与翻译能力。因此，阅读报刊是一种有效提升学生综合翻译水平的方式。

6. 培养中西文化差异意识

中西文化的差异对翻译的影响非常之大，因此在教学过程中，教师可以选取一些典型的例文来对这一现象进行演示，让学生可以直观地感受到这些差异带来的影响，从而使学生避免犯同样的错误。这包括了语言特色、文化特色、区域特色等方面，只有学生提前有意识地接触以及对此进行预防，才能更好地防止在翻译中出现由文化差异导致的翻译问题。

（二）打造全新的英语翻译教学模式

打造全新的翻译模式也是当前大学英语翻译课程的重要目标，一种被称为翻译工作坊的新模式值得我们思考。其内容是通过小组合作学习，让每组学生完成教师分配的各种学习任务。这对学生的合作意识和英语学习的综合素质的提升有极大的帮助。

1. 创设情境

教师可以设置这样一个情境，通过将教室分成几个带课桌的工作区来帮助学生模拟未来的工作环境。每个小组占用一个区域，配有一台电脑。学生可以在电脑上安装相关翻译软件来辅助翻译，在仿真环境中完成分配的任务。学生通过讨论交流，定期对工作成果进行演示。

2. 分配任务

教师负责向小组分派不同的任务，小组以独立或合作的方式解决实际翻译问题。在指定的任务中，教师应在未来的工作中作为学生的上级对学生进行必要的指导帮助，为学生澄清背景和翻译风格，提前指出有问题的翻译，以确保学生能够完成翻译任务。因为分配任务是群发的，所以可以极大地节省课堂时间。一些商务合同等最好可以用到翻译公司的真实材料，这样可以帮助学生熟悉应用型的翻译文本，这种模拟也可以提前让学生适应市场需求。

3. 完成任务

学生可以通过一些学术网站来对文本格式进行进一步的了解。因此文本的设置必须准确，不能造成阅读上的障碍。学生小组通过自主学习，可以相互讨论合作来对译文进行修改调整，最后通过投票的方式选择翻译得最贴切、最合适的译文进行展示，要注意译文翻译的准确性和专业性，同时不要忽视其实用性。

在说明书翻译的过程中，学生如果遇到困难，通常可以先借助各种翻译软件或者电子词典进行对术语的翻译，这样可以保证专业性，进而再去联系上下文将其他内容准确地表达出来。除了借用工具，学生也可以查找网上相关的资料或者向教师求助。通过多种渠道，最终得到更满意的译文。为了追求翻译作品的真实性，教师可以将翻译公司的运作过程带入课堂，由学生扮演客户、项目经理等角色。可以让翻译人员处理翻译公司可能遇到的各种业务，如合同修改、任务分配、翻译起草、编辑、排版、最终交付等。这些角色扮演还可以教会学生如何真正处理公司的业务。

4. 反馈评估

在接收和检查学生的翻译后，教师可以向全班展示几套翻译，以供学生评估和分析，并让学生讨论这些翻译的优缺点，选择出自己的最好的翻译。

除了教师对学生进行综合评价外，参与角色扮演的学生也可以进行打分评价，这也是验证学生翻译实践能力的一项标准，学生的综合素质也可以通过这些评分来反映出来。当下的大学英语翻译教育要培养的是适应社会发展的全面的翻译人才，这就需要创新教学模式，推进教学改革，结合网络与各种实践活动来培养学生的英语翻译的综合能力。

参考文献

[1] 宫敬沛．熟知中西文化差异，提升跨文化交际能力 [J]．国际公关，2022（24）：28–30.

[2] 张道雪．跨文化交际视角下网络热词的英译研究 [J]．海外英语，2022（24）：32–34.

[3] 李曼．试论新时期跨文化交际中翻译的商业文化交流调和 [J]．英语广场，2022（36）：35–38.

[4] 胡良玉．跨文化交际视角下日化企业国际商务英语翻译策略研究 [J]．日用化学工业（中英文），2022，52（12）：1391–1392.

[5] 梁洁．跨文化交际教学中的母语迁移的作用探索 [J]．湖北开放职业学院学报，2022，35（24）：185–187.

[6] 陶婕．文化差异与大学英语翻译教学跨文化交际能力培养策略研究 [J]．黑龙江教师发展学院学报，2022，41（12）：138–140.

[7] 李思颖，龙璐．从英语教学模式探究“中国文化失语症”现象 [J]．海外英语，2022（22）：178–180.

[8] 牟章．跨文化交际中的商标翻译 [J]．海外英语，2022（21）：34–35.

[9] 吴羡．跨文化交际中的翻译问题研究 [J]．山西能源学院学报，2022，35（5）：89–91.

[10] 高楠．跨文化交际视角下商务英语的翻译方法探究 [J]．科教导刊，2022（29）：47–49.

[11] 张扬．跨文化交际视阈下中医术语翻译研究 [J]．海外英语，2022（19）：55–56.

[12] 谷菲菲，张永拓，褚家路，等．跨文化交际下流行语互译平台 App 的 SWOT 开发策略探析 [J]．科技传播，2022，14（19）：113–118.

[13] 程宇博，周浩，孟浩瀚．基于跨文化人才培养的英语翻译教学模式探讨——评《语言翻译与跨文化交际人才培养策略研究》[J]．科技管理研究，2022，42（19）：268.

[14] 成亚敏．跨文化交际在高校英语教学中的有效渗透 [J]．湖北开放职业学院学报，2022，35（18）：191–193.

[15] 王彬彬．跨文化交际之《祝福》的习语翻译策略研究 [J]．品位·经典，2022（18）：61–62+103.

[16] 党永军．跨文化交际视域下英汉礼貌用语的语用失误及对策 [J]．英语广场，2022（27）：39–42.

[17] 李超，李丽．皮革商贸英语翻译人才的培养研究——评《英语人才跨文化交际能力研究》[J]．皮革科学与工程，2022，32（05）：113.

[18] 彭诗华，邓粲士．跨文化交际下中式特色菜肴的翻译策略研究 [J]．海外英语，2022（17）：31–32+46.

[19] 秦默．跨文化交际视野下中国美食传播中的英语翻译研究——评《用英语介绍中国美食》[J]．粮食与油脂，2022，35（9）：169.

[20] 宋扬．跨文化交际视角下应用型高校英语翻译教学创新策略研究 [J]．大庆师范学院学报，2022，42（5）：121–128.

[21] 郝磊．跨文化交际视域下食品专业英语教学的有效性——《食品专业英语》评述 [J]．食品与机械，2022，38（8）：251–252.

[22] 吕梅．基于跨文化发展的饲料行业商务英语翻译人才培养——评《当代商务英语的跨文化交际与应用综合研究》[J]．中国饲料，2022（16）：155.

[23] 余静良. 跨文化交际视域下的翻译：差异与对策——以《琵琶行》英译本为例 [J]. 开封文化艺术职业学院学报，2022，42（8）：30–32.

[24] 王丹. 俄罗斯戏剧跨文化交际的作用 [J]. 戏剧文学，2022（08）：121–126.

[25] 巩建霞. 中英文翻译及跨语言交际中文化信息的理解与沟通 [J]. 文化创新比较研究，2022，6（22）：169–172.

[26] 唐洁. 对中国文化“走出去”背景下非英语专业学生文化翻译能力培养的思考——基于 2013 年改革后的大学英语四六级汉英翻译分析研究 [J]. 海外英语，2022（14）：144–145.

[27] 李博. 跨文化交际视角下字幕翻译的归化和异化 [J]. 海外英语，2022（13）：59–61.

[28] 杨莉莉. 跨文化交际视野下食品专业英语翻译误区及改进策略——《食品专业英语》评述 [J]. 食品与机械，2022，38（6）：245–246.

[29] 薛燕. 跨文化交际视域下景点公示语翻译的策略 [J]. 江西电力职业技术学院学报，2022，35（06）：154–156.

[30] 徐俊俊. 跨文化交际理论下中国戏剧典籍英译研究——以《霸王别姬》英译为例 [J]. 文化创新比较研究，2022，6（18）：45–48.

[31] 蔡晓丽. 基于跨文化交际的食品专业英语教学模式探析 [J]. 食品研究与开发，2022，43（12）：239.

[32] 张静，赵生学. 跨文化交际下英语翻译策略研究 [J]. 黑龙江工业学院学报（综合版），2022，22（6）：128–132.

[33] 金瑛. 国际化背景下饲料专业英语翻译人才培养研究——评《基于跨文化交际的复合型英语翻译人才培养研究》[J]. 中国饲料，2022（12）：152–153.

[34] 祝东江，王勤，金玲. 跨文化交际视角下的汉英翻译 [J]. 襄阳职业技

术学院学报，2022，21（3）：109–112+135.

[35] 胡洁颖．跨文化交际视域下饮食文化翻译研究 [J]．湖北开放职业学院学报，2022，35（11）：181–182.

[36] 刘昕宇．英语文化对英语翻译效果的影响研究 [J]．海外英语，2022（11）：30–31+33.

[37] 王鑫．跨文化交际视角下的商务英语翻译研究 [J]．海外英语，2022（10）：45–46.

[38] 赵彩霞．文化差异背景下的语言学习与跨语言交际中的英汉翻译 [J]．文化创新比较研究，2022，6（15）：22–25.